爱与美

夏日风车

XIARI FENGCHE

◎ 姜涵莼 著

浙江大学出版社
ZHEJIANG UNIVERSITY PRESS

图书在版编目（ＣＩＰ）数据

夏日风车／姜涵莼著. —杭州：浙江大学出版社，
2012.8

ISBN 978-7-308-10117-2

Ⅰ. ①夏… Ⅱ. ①姜… Ⅲ. ①作文－小学－选集
Ⅳ. ①H194.4

中国版本图书馆CIP数据核字(2012)第130222号

夏日风车

姜涵莼　著

责任编辑	杨利军（ ylj_zjup@qq.com ）
出版发行	浙江大学出版社
	（杭州天目山路148号　邮政编码：310007）
	（网址：http://www.zjupress.com）
排　　版	杭州林智广告有限公司
印　　刷	浙江海虹彩色印务有限公司
开　　本	710mm×1000mm　1/16
印　　张	14.25
字　　数	218千
版 印 次	2012年8月第1版　2012年8月第1次印刷
书　　号	ISBN 978-7-308-10117-2
定　　价	39.80元

十一届全国人大四次会议
全国政协十一届四次会议

★新闻中心

新闻中心

Press
the D

青年时报 YOUTH TIMES 新闻推动进步

青年时报 MAXUS大通
2011年度牛通社颁奖典礼

★和芒果哥哥合影

★吴山明爷爷等颁发"浙江星级小记者"奖

★杭州市动漫节做志愿者

★棒伢儿舞蹈团童心飞翔表演

这些名家的脸，你能认出多少呢？他们可都是我的写作导师哦！

★文学金桂奖获奖者合影

★浙江少儿频道星级小记者在采访

★组织"探访节后最早行路人"活动

★青年时报星级小记者现场采访

爱与美

意大利作家亚米契斯的《爱的教育》是一部关于少儿教育的世界名著，一直感慨，我们中国为什么没有这样类似的著作？

近日阅读小记者姜涵莼的《夏日风车》，它记录了一位生活在爱与被爱中的阳光少女的成长足迹，其稚气明朗的文字，蕴含质朴清新的情感，不就是一本中国人自己的《爱的教育》亲子读本么！

该书中，小记者姜涵莼以敏慧的观察力来探寻这个世界，让新奇的事物不断充盈她的脑海。从初入小学，跟着老师大声朗读拼音的小女孩，到飞往北京，拿着话筒采访全国两会代表的小记者。期间发回的一篇篇记录稿，让我们看到了小记者一步步成长起来，其人生经历渐渐丰富，稚嫩的文字也日渐成熟。她在至亲与师长的教导下，欣欣然将自己的生活着上了美好的色彩，然后怀着感恩的心情，写下了这些明亮清新的文字。

该书也是新一代儿童成长的宝贵记录。《夏日风车》中许多童真的剪影，在"冬日暖阳"下是如此耀目，让读者被爱与美交织的温暖，拉回到那个纯真快乐的童年。时代不同，环境不同，但是童年的回忆，永远是人们内心最温柔的一角。

《夏日风车》字里行间都散发着一种淳朴的气息，那赶海的少年，那盛着暖意的炭炉，那妈妈装着美食的炖锅，那陪伴了一年又一年的小动物……都是一个个灵动而富有生命的载体，令童年的一幕幕精彩呈现眼前，让读者回想起许多曾经拥有却又从指间溜走的真情。

　　这不仅是一本给孩子们看的书，它同时也适合那些为人父母及师长的人们。它会告诉你，请给孩子们稍稍放肆的权利，同时，也请不要过早地将他们推离你的保护。

　　在人生路上试着放慢脚步，用心细细体会，也许你也会有和小记者姜涵莚一样的感受：生活中处处都是爱。

　　善意看待身边一切，真心对待身边人和事。《夏日风车》，用爱圈起一个美好世界，让你我踏脚走进其间。

　　　　　　　　　　　　　　　　浙江省新闻协会秘书长　陈宗泽

一个快乐女孩爱的心迹

有一本古老的书，叫《爱的教育》，是一本日记体的小说，记载了小学生安利柯九个月的四年级生活。作为孩童教育之经典书目，该书在中国几乎家喻户晓。但遗憾的是：亚米契斯这本《爱的教育》，从空间而言作者是远在南欧的意大利作家；从时间而言，该书1886年出版，迄今已有百余年。

手捧姜涵莼同学的《夏日风车》，用心阅读，有一种感受油然而生——这不正是咱们孩子需要的中国人自己的《爱的教育》嘛！

小作者身为我们求是教育集团浙大附小一名优秀、快乐的学生，写自己的生活、游历、见闻，所有文章均笼罩在爱与感恩的主题之下。在科技日新月异、社会飞速发展，人心难免浮躁的社会现状下，该书以纯真校园内一个纯真孩子的点点滴滴的爱与感恩情怀，昭示人性的返璞归真，呼唤人心的纯净复苏。以期给新时代少年增添一本来自同龄人的，寓教育于无痕中的生动有趣的课外读物与作文范典。

如果我们的孩子都学会爱别人了，孩子们传递爱的记忆成活了，开始长出小小的根须了，那不啻是其长长一生一系列美好的开始。姜涵莼同学在《夏日风车》中透出的对身边世界的爱，篇篇句句都是如此清灵如此投入如此自然如此活泼泼地可贵！

在这本书中，小作者姜涵莼以擅于观察的心灵和优美的稚笔，记录生活中的真善美，也展示了一个优秀儿童的成长过程。其一个个文字，一张张照片，都是儿童心灵与视角的自然呈现。更重要的是，书香的背后，是健全出色的人格，是孩子多年来的努力，是父母老师对她十二载教导的心血。

姜涵莜，一个快乐的求是女孩。她的笑容总是那样真诚灿烂，周围的同伴常常被她的快乐感染。她与人为善，感念师长，心怀同学集体，长期与贫困山区孩子结对，一直喜欢用自己微薄的力量去帮助别人。

她酷爱写作，以其灵动之笔描绘心灵，展示人性美与人情美，从孩童的角度用心记录，让新一代孩子留住中国传统中最美的东西。她的作品常见诸各大报刊，多次在各级各类征文比赛中获一等奖。她还是杭州作家"银桂奖"、"金桂奖"提名与获奖小作者。的确，姜涵莜给我的震撼不只是一点点。她笔下的青山绿水与花鸟虫鱼是如此灵动而富有生机。这些文章，虽仅出于金钗少女之手，但无论是眼光视角，或是遣词造句，都不逊于青青学子，甚至成人。

2011年，姜涵莜有幸被选拔为全国两会特派小记者到北京采访，那次的北京之行，她每次采访都准备充分，提问有力，写稿最勤，出稿最快，坚持每天给学校发来北京实时报道。从北京回来的时候，她还不忘给班里每一位同学老师都带到北京特产——每人一串火红的冰糖葫芦。

那一串串冰糖葫芦，是可爱的童心爱心在闪耀，正如你将要阅读到的每一个文字！它们幼稚却又拥有非凡的文采，它们率真却不乏一针见血的哲思，它们就是你我身边一个西子女孩的活泼泼的心灵足迹，颇值得我们为人父母及教育工作者与孩子一起幸福共读！

浙江大学附属小学校长
杭州求是教育集团总校长　郑仁东

4

目录

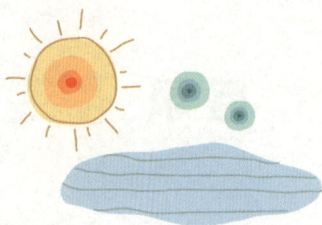

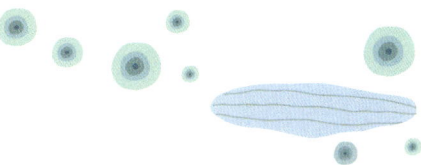

3

小记者大舞台

一背篓的爱

Yi bei lou de ai

妈妈说 2012年，龙年春节前的寒假，送11岁的女儿放飞，她一个人到浙西山村体验年俗一周，带回大量照片和有关年俗文章。选其中三文合为"过年三味"。在孩子眼里，世界永远如此美丽有趣儿。希望心仪原始古朴之世界的女儿能一直保持这份纯真的观察力。

过年三味之品厨房

小小的一间厨，承载了多少苦，承载了多少乐；小小的一间厨，迎回了多少团圆的欢欣，充满了多少丰收的喜悦。

墙角，摆着一个石臼，两竿青竹棒立在一旁，石臼里，还留着年糕的粉色，竹竿上，已混入年糕的清香。多少个团圆之夜，多少个爆竹炸响之时，几个汉子拿着青竹，一下一下捣向石臼中的年糕，年糕的热气冒上脸面，手中一下下地捣，响起的是幸福的韵律。年糕软软地，捣下、拔起，"噗，噗"的声音响个不停，白米淡淡的香味弥漫在空中，吹开老人脸上的笑意。

捣好年糕，挑起，放在案板上，那些苍老的、辛劳了一年的手，享受地插进冒着热气的大面团，搓成一个大丸子，身边的女人们缓缓接过，把丸子放进模具中，压制成一个个糕点。那模具是桃木制的，一个细纹的"福"字刻在上面，方方正正，很精致。模具边上配一圈如意花纹，也细密地排着，就像一旁厨中大锅里荡开的幸福圈纹。

厨的另一角，灶台后，成堆的柴倚墙而放，干干的，仿佛苍老得没有了知觉。一把小椅，一个铁夹，它们就这样相依相伴，小孩来，客人来，邻人来……就坐上椅子，把上铁夹，夹着木材，为厨房助添一份生机与温暖。

门边，放着一个火盆。一个铁盆，装着炭，摆在木架上。炭灰下埋着闪烁的火星，架沿上还有一把铁铲，拿铁铲翻翻盆中，火便爆一阵，仿佛真有了生命。是它，让厨中更多了温暖。但它不似空调那样只是一阵阵规律地往外吹着

风，火盆那暖意是整张罩在人身上心上的。有淡淡的炭香弥漫，但也裹挟出远行归家的游子们莫名的忧伤。

有时，火盆上还可以搁一个铁丝架，架上会烤着玉米，烘着紫薯，一大家子人围着火盆暖暖手、看看书，偶尔也会在火里放上几个土豆，或煨上一壶俨俨的茶，便可聊到深夜。

桌下，有几个竹篓，篓中，有青叶，有箬叶，还有泡在水中的糯米。龙舟赛前，几个系着围裙的大妈妈，手指上下翻飞，折叶、舀米、放蜜枣、排腊肉、捆扎……这一切在大妈妈们的手中都好像是理所当然。一个个碧绿的粽子像一艘艘小舟，载着满是希望的祈福，出航。

橱柜边，几个金红色的老南瓜蹲在地上，观这大灶水沸，看那火焰炽热。人们或许已经忘记它们是菜，只想让它们留着，摆在厨中，为这儿增添一份色彩，为来年祈一份五谷丰登。

生在厨中，活在厨中，生活亦在厨中。

（2012年　五年级作品）

小小的一间厨，
承载了多少期盼

3

过年三味之 谈火盆

火盆，一听名字便知，是冬天取暖用具，可那灰灰、旧旧、脏脏的火盆却有不少的妙处。

它的首要职责，当然是取暖。

它看似只有一个小木架与一个旧铁盆，但只要装上炭，往房中一摆，房里便暖得似冬枯的花儿也能开放。冬日夜晚，一家人围坐在火盆边，看着电视聊着天，暖和不说，更是添了份其乐融融。

盆沿上摆着的铁铲，是用来翻动炭火的。偶尔一翻，炭光便闪了起来，像灰里闪光的星。有时，会从炭里"噼啪"地溅出几粒火星，为屋里添了一份热闹。

这翻火盆，看似简单，其实蛮有学问。不能翻轻了，那对炭火来说，根本不起作用；翻了个底朝天么，也不行，整个火盆会熄灭。最理想的就是铁铲铲下去，微微地拱起一条小裂缝，让空气进去，隐隐的火光便从薄灰中透出，仿佛是云霭后的日出。一家人围着火盆，是冬日农村最常见的场景。

火盆，它竟还有做出夜宵的本事来。

晚上，肚子饿了，小爷爷拿出一个用粗铁丝弯好的架子，再去厨房挑选几个番薯，切片，把火拨旺，架上架子，就可以将番薯片摊开来烤。随着一阵阵"嗤嗤"的声音响起，番薯的香味便在空气中弥漫开来，在场的人人皆馋。

未几，番薯成了暗些的红色，香气愈发地浓郁。我迫不及待地夹起那外焦里嫩的手工烘制"薯片"，吹一吹，咬下，脆中带糯，糯而不糊。

此时，若是想完全填饱肚子，也不用开锅的。只要翻出几个玉米、一把花生，把它们埋入火中，玉米靠里，花生在外，小心摆好。铁架子上面再摆上一

口煲锅，倒入开水，里面放些肉丸、菠菜、油豆腐……若有两个火盆，另外一个铁架上再烤几片年前刚宰的年猪肉，那就更为理想了。约摸煲锅的水开始沸腾，盆中也开始泛出玉米的香味，便可从灰堆里扒出花生和玉米，轻轻吹开花生壳上的灰，用手一压，"啵"一声红红的花生米便蹦到你的掌心，带着新年的温度。

此时，一手拿着香甜焦脆的玉米，一手端着炖好的肉丸菠菜汤，间或夹上几片炭烤肉，实在是……

火盆也是女人们的喜爱之物。冬天，南方的天气总是阴冷，洗好的衣物总是不得干燥，白费了洗刷力气及被冷水冻得通红的手。于是，聪明的男人们便做出了适合农村火盆的烘衣架，这样烘干的衣服，穿在身上有炭火的暖暖的味道。

火盆，似乎没有空调干净、方便，却多几许人情味儿亲情味儿。

（2012年　五年级作品）

炭火便闪了起来，
像灰里闪光的星

过年三味之 做豆腐

做豆腐，算是一件大事，左邻右舍早早过来帮忙，不过多是看热闹的。小奶奶清晨起来洗豆、刷锅、洗木盆、浸纱布，厨房中便都是哗哗的豆声和水声。此时，小爷爷已烧好了一大锅灶的水，水在锅中哗哗翻滚，冒着白泡。锅中的水汽散开，弥漫在老屋中，笼罩在已经就位的木桶、木盆上，透出隐隐的、喜庆的棕红。

接着，把浸透的豆子磨成豆浆，放入沸水锅中煮。煮熟后，捞出放在木盆中的纱布里沥，两个人各提着纱布的两个角，左右上下晃荡。白白的豆浆便乖乖从纱布缝隙中涓涓流出，从木盆的空洞中向着木桶倾泻而下，就像一道白帘的瀑布，坠入桶底，在金黄色的原木上开出一芽芽素雅的飞花。

当豆浆流得差不多的时候，就用双手用力挤压，白白的豆浆从农人们那苍老的手的指缝中溢出，顺着木盆流下，那一双双手也仿佛年轻了许多。

然后纱布打开，加入一些水，扎紧，再用力挤压，如是三到五次，纱布袋里剩下的就是豆腐渣，真正的豆腐渣哦！它可以炒青菜，还可以做出一道"豆腐娘"的美食。不过，我眼睁睁地看着小奶奶把这些"绝顶美食"豆腐渣倒进了猪圈，恨不得去跟猪们抢一气，真是好有福气的猪猪啊！

此时，房中的雾已有了些豆香，淡淡地飘散。

木桶中的豆浆，需要点上石膏水，方可凝固成豆腐。大约过二十分钟，小奶奶拿出一支筷子，让筷子从木桶上方约三十厘米高的地方落下，如果筷子没入一半，说明木桶里的豆腐凝结得差不多了，如果插得太深则还需等上些时间。

边上已经准备好了一个四四方方的木头框子。边缘大约十五厘米高，上面也铺着一块纱布。小奶奶就将木桶里已经凝固合适的豆腐舀到木框的纱布中，

然后包好，上面压上一块木板，再加上几块大石头。此时每每是我最开心的时光，小奶奶总会舀上一碗热热的、香香的豆腐花，加上少许酱油，撒上葱花、榨菜粒，一碗碗新出炉的豆腐花直把我们这些孩儿们猴急得……豆浆的糯、榨菜的脆、酱油的咸、葱花的香，一起送入口中……

如果打算油炸豆腐泡的话，还需在嫩豆腐的木桶中加上少许盐。只见小奶奶先往锅里倒了半锅油，待油开始冒青烟的时候，就用一个漏勺兜着二十个左右三厘米见方的小豆腐块往油锅里放。起初，豆腐沉在油锅底，"吱吱"地往上冒气泡，不一会儿就都像被谁惹了似的，鼓鼓胀着肚皮，从锅底浮上油面。小奶奶继续用漏勺翻动着，等到表皮开始泛黄了，就可以出锅了。小奶奶说，如果嫩豆腐没有放盐的话，炸出来的豆腐泡不会圆滚滚的。

趁着新鲜，小奶奶捞出几个油豆腐，切上一些大蒜叶，冲入开水，递给一直在一旁眼馋的我。豆香混着菜油香，金黄的豆腐泡漂浮在翠绿的大蒜叶子里，真是一碗色香味俱全的美食啊。

此时，摸着滚圆肚子的我，也像是一个泡在幸福的浓汤里的豆腐泡。

男推磨石转，女将米水量。

为有小儿女，投豆暖炉旁。

蒲鞋绕磨急急走，玉手将豆进洞斗。

忽闻小儿嬉闹声，见是玩米傍豆箩。

——回杭途中闲作小诗两首，作为我在爸爸老家过年的幸福纪念吧。

（2012年　五年级作品）

白白的豆浆从纱布缝隙间涓涓流出

7

那颗离开了我身体的痣

我端详着装在酒精袋里忽沉忽浮的痣，它已没有在我唇上时那么乌黑了，只是上头两根短短的毛仍是那么坚硬地挺立着，此刻恰似两只小眼睛，委屈地盯着我，似乎在旋转着向我道别，又似乎在责怪我对它的绝情。因为，它曾经是我身体的一部分，跟随了我整整十年啦！

我的右侧嘴唇上方长了一颗黑痣，据说象征着掉下来就有得吃，所以有福。自打有记忆开始，大人们见到我总会寒暄一句："哟！长着一颗福痣呢！那可是很有得吃的哦！"

我非常不解，为什么"有得吃"就是有福气，爸爸对我的问题愕然，随即就艰难地向我解释，咱们中国人的祖先，从苦难中走来，他们一辈子最大的愿望就是能够吃饱穿暖，所以"有得吃"就是最大的福气了。我有点明白了，可是又不是太明白。

更让我难以明白的是，多年来围绕我这颗痣，爸爸妈妈外婆奶奶的反应。大概因为我的痣长得离嘴唇近，它老受刺激，老"被吃喝"的缘故，长大速度有点快，所以爸爸早就考虑到医院用激光把痣点掉以防后患。可外婆却坚决反对，她说痣长在那儿是福气，说："我们囡囡是有福气的人，怎么可以点掉呢！"爸爸左右为难，他说："现在是很好看的，可要是照这样的速度长大起来的话，恐怕……以后再去问医生吧。"爸爸看着一贯慈爱无比在这件事上却如此固执的外婆，想来心情无比复杂！

在那段时间里，我三番五次地听到爸爸和外婆希望说服对方的声音，看到他们无奈的表情。白天饭桌上，晚上梦醒时，我都能听到老爸老妈对这颗痣的争论。

他们可真是为此反复思量患得患失了！

的确，这颗痣在我幼儿园时代就给我带来了好运，到区艺术团面试时，我一走进舞蹈考试教室，美丽的女面试官就说："哟，长了一颗美人痣嘛！"我的痣便粗暴地破坏了公平，赢得了老师们的好感。

可这颗痣也给我带来了意料之中的烦恼。大约是从二年级开始，同学们一见我就说我嘴没擦干净，虽然我再三解释，但同学们依然笑嘻嘻地开玩笑，"尽职"地当起了我的"个人卫生监督员"。

四年级了，爸妈终于下定决心带我去看医生。那是在我刚放寒假而妈妈学校期末最忙时。妈妈似乎很为未能亲自与爸爸一同带我去而遗憾，与医生遥控电话联系，非要亲耳确认才放心，只听那位和蔼的医生阿姨说："还是点掉吧！长这里的痣经常会摩擦到，肯定会大起来的。等到大了以后再点就会留下疤痕的。"

我的亲人们在痣这件事情上充满了矛盾与不信任，但是他们都信任医生的权威。

于是，十年啦，我的痣这下终于得到了明确的宣判。

与艰难的"判决"相比，"执行"倒显得无比轻松。

爸爸在手术门口办理了手续，等待着医生的安排。只是一得知这个决定，我的心就"突突"地跳了起来，一连串的问题出现在我脑海里："会不会很疼？打了麻药会不会晕过去？……"

轮到我了，我忐忑不安地上了手术台，给我消毒完毕，护士阿姨握住我的手，开始和我聊天。聊天中，我只感到一阵刺痛，护士阿姨对我说："好了，你真勇敢，小朋友。"真不可思议，就这么针一扎的感觉，令我开心也令我烦恼、让爸爸外婆争论不休、让他们患得患失的痣就这样离开了我的身体。

下了手术台，我看着装在酒精袋里忽沉忽浮的痣，它似乎在旋转着向我道别，我也在心里跟它说："伴随了我十年的痣啊，再见啦！"

可是，我的亲人们对我的爱，却将一直伴随着我，我的爱也一定会一直伴随着他们。

（2011年　四年级作品）

鸡蛋饼

> 我回头，看见她的围裙、头巾以及四周的黄叶都渐渐成了剪影，仿佛躲进了一个深秋夕阳下的童话里……
>
> —— 题记

又是秋风刮来时，树叶纷纷落下，叶子背面的绒毛在阳光下花白花白，像极了她一头苍苍的白发，风也带来了鸡蛋饼的香味，仿佛她那深深的笑意。

那时，我三年级，放学时，像饿极了的小鹿，跑到她的店前。站定，才猛地想起我的书包里没有钱。那时她系着蓝围裙，戴着花头巾，双手上下翻飞着……不变的是她脸上的笑意。

我刚想走，可那鸡蛋饼的香味似魔手一般紧紧攥住了我的脚步，我想了又想，终于鼓起勇气，接着，我听到自己嘴里发出蚊子般的声音："奶奶，我的钱下次给你，帮我做个鸡蛋饼，好吗？"接着，我的头更低了，望着马路边的一地落叶，做好被拒绝的心理准备。

过了一会，我抬起头来，看见她竟在做属于我的鸡蛋饼。

我放下忐忑的心，继而又好奇地踮着脚，看那白花花的面糊糊如何变成美味的鸡蛋饼。只见她舀一勺面糊摊在铁板上，用竹制的刮子铺开，待面皮成型了，便用左手磕开鸡蛋，晶莹的蛋黄便晃荡在白面上，她麻利地一翻，在另一面撒上五色的调料。面饼下面滋滋地响着，冒着热气。她又在面饼上放了根油条，包上面饼，中间压一刀，一折，熟练地套进食品袋递给我。我看着那雾气渐渐蒙上塑料袋，心里也仿佛蒙了一层热雾，温暖了。

　　我大口大口地咬着热乎乎的鸡蛋饼，雾气升腾到我的眼镜片。我回头，看见她的围裙、头巾以及四周的黄叶都渐渐成了剪影，仿佛躲进了一个深秋夕阳下的童话里……

　　第二天，我去还她钱，她依旧笑眯眯的，眼中没有一丝的责怪。我把五元钱递给她，她找给我零钱后，又低下头，摊开一勺面糊……

　　又走过那个鸡蛋饼店，我已不用踮着脚便可看见店里的一切，我又看见了那落叶、头巾、围裙，还有那永远冒着诱人香味的黄灿灿的鸡蛋饼。

（2010年　四年级作品　课堂习作）

酸的和甜的

今天，我们上课时学了《酸的和甜的》这篇课文。吃晚饭时候，我给爸爸妈妈背了一遍。

爸爸妈妈问我怎么分辨橘子是酸的还是甜的，我说："吃一口就行了呗！"我又说："老师在课堂上也问了这个问题，有的人上去说如果橘子的脐上有个圆圈，这个橘子就是母的，母的要甜一些。又有人上去说橘子是黄的较甜，如果是青色的，那么就一定是很酸的橘子。我们都在下面喊，尝一尝就知道了，尝一尝就知道了。"我告诉爸爸，因为我提前看过课文了。爸爸夸我养成了预习的习惯真好。

我又问爸爸："爸爸，为什么母的橘子会甜一点呢？"爸爸说："因为甜味是营养物质，母橘子要生宝宝，需要营养物质多一点。"

爸爸妈妈又要我用酸的和甜的造句，我轻轻地走过，用手搂着爸爸的脖子，用小嘴在爸爸满是胡子的脸颊上狠狠地喂了几口，瞟了妈妈一眼得意地说道："这时候，爸爸心里甜甜的，妈妈感觉酸酸的。"

幸福家庭的感觉真美好！

（2008年　一年级作品）

老爸老顽童

瞧瞧，仓鼠
的原木隧道

我的老爸是个很有特点的人，他不高，可古铜色的手臂却很粗壮，奇怪的是他总爱穿紫色的衣服，系根皮带，穿一条黑裤子，他还爱把头发剃得很短，摸上去刺刺的，像刺猬一样。他那粗粗的眉毛下，大大的眼睛炯炯有神，脸上总是乐呵呵的，仿佛有数不清的开心事。

我爸爸是个十足的老顽童，他总喜欢和我一起摆弄花草，被他养过的花草，都长得十分喜人。他还喜欢带我和小朋友一起野炊，到了野炊的地方，就和我一起在草地上打滚。

一次，我买了一对小仓鼠，他就忙得不可开交，一会儿给仓鼠洗澡，一会儿给箱子装木屑，一会儿倒水……比我还忙呢。他还让我每天带仓鼠出去散步，还捉活的虫子给它们吃。每当它们吃虫子时，我就想，老爸的方法还是挺好的嘛！爸爸还经常给他们吃"补品"，比如水果、牛奶、五谷杂粮……小仓鼠被老爸养得白白胖胖，它们似乎越来越喜欢老爸了，让我这仓鼠主人倒有些意见了。

瞧，这就是我的老顽童老爸！

（2009年　二年级作品）

老爸貌似比我还顽皮

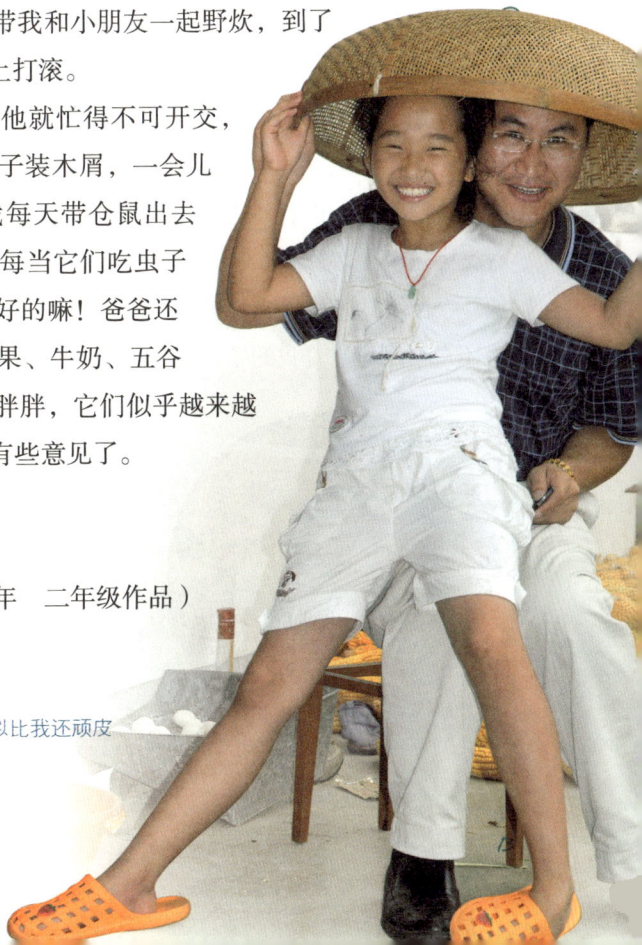

冻人旗手

刚过了一个双休日，我还没有从睡懒觉的状态中走出来，可今天偏偏又是学校升旗仪式，我还是今天的升旗手呢，自然要比平时早一点到。没办法，我只好在迷迷糊糊中，与"瞌睡虫"混战一场后起了床。

出了家门，天地间的一切似乎都被冻得硬邦邦的，刺骨的寒风向我扑面杀来，我连忙戴上手套，拉了拉围巾，让围巾能更大面积地遮住脸，又急急忙忙跳上了爸爸的电动车后座。

到了学校，我连忙向教室跑去，希望能早一点暖和起来。可我走到校门口时，又想起学校的规定：一定要拿下帽子手套之后敬了队礼才能进去，我只好摘下我的"武装"，然后狼狈地"逃"进了校园。

终于到了四面有墙的去处。一进教室，我们的班主任老师走了过来，她一看又来了个"小冻人"，连忙一把拉过我的手，给我焐了起来。霎时间，我就像一个断电的机器人突然充满了电一样。老师的手好暖和呀！而且那双柔软的手还在不停地搓着我的手，将她身上的温暖源源不断地传递给我。

我是护旗手，迈开大步向前走

后来，我只记得老师的手在我的手上不停地摩挲着、摩挲着，依稀中，像极了每一个寒假，我坐在外婆家的灶膛边，外婆给我搓手的感觉。

寒冷，都被挡在了室外，只有温暖留在天地间。

（2009年　三年级作品）

花格子的冬天

我相信，在下一个被花格子包围的冬天，依旧温暖如初，力量如初……

—— 题记

冬日，清晨，路边是厚厚的银杏落叶，棕色的树枝，仿佛被这寒冷的天气冻脆了，一碰便会折断、跌下。这灰白的世界中，唯一的色彩，便是爸爸的电动车上我手里捧的花格子围巾，那围巾中包着几多温暖与力量。

每个冬日寒冷的早晨，上学路上，当我靠在爸爸背后，缩在粉色风衣中发抖时，爸爸总是熟练地从车兜中掏出软软的花格子围巾递给我。我一触到那棉布暖暖的温度，就仿佛通了电流一般，浑身上下有了力量，有了爱的温暖。

打开围巾，里边总有几颗奶片、一个橘子，或是一个装在袋子里的面包、妈妈早起煮好的土鸡蛋。如果说围巾暖和了我的身体，那吃下这包在围巾中的爱心食物，我原本冰凉的心，就立刻由阴转晴。一次，爸爸竟然在围巾中包了一盒红烧排骨，旁边，用橡皮筋捆着一双一次性筷子，望着围巾里的温暖与力量，我轻轻地靠在了爸爸肩上……

享受完了围巾中的惊喜，我就把围巾绕上脖子，原本直灌进脖子的寒风便被挡在外面。血液流到脖子，得到了围巾的温暖，又输送到全身，便慢慢地又一次把力量充到了满格。只要围上这条蕴藏着神奇力量的围巾，眼前的世界便像被清洗了一遍，冲走了灰霾，变得更明亮、更欢快。

我相信，在下一个被花格子包围的冬天，依旧温暖如初，力量如初……

（2009年　三年级作品　课堂习作）

校门口的等待

校门口的等待，是世上最美的约定。没有签字，没有承诺，有的只是心灵的默契。

—— 题记

在早晨的校门口，总有一个人在等待，一样的是人，不同的是景，人是物非。

春日的等待，是温暖的。我跳下爸爸的电动车，系上红领巾，等爸爸在我的脸颊上"盖上印章"。跑到校门口时，一回头，还在车边看着我的爸爸看到了，便朝我挥一挥手。春风吹拂的脸上，是笑容，是得意。

夏天的等待，是神气的。爸爸总穿着那件深蓝的短袖，我回头时，总看见他双手神气地插在腰间，肚子微微挺着，调皮地朝我眨一眨眼睛。

深秋的等待，是美丽的。我在传达室前回头时，爸爸总站在那几棵梧桐树下向我做鬼脸。爸爸的脖子怕冷，出门常常围着一条花格子围巾，可路上总是被我"掠夺"。现在爸爸刚围好的围巾总是乱乱的，上面还常会沾有一点我在车上吃早餐留下的"面包屑"。花格子的围巾与一地金黄的落叶，成了我记忆中的风景。

冬风中的等待，是温馨的。我看到爸爸时，他一定在裹紧我刚刚"归还"的外套，看到我回头，爸爸便使劲地用已经冻僵的肌肉牵动嘴角，笑得让我那么心疼，被寒冬冻得硬硬的世界，便有了一丝温情。

校门口的等待，是世上最美的约定。没有签字，没有承诺，有的只是心灵的默契。

（2011年　四年级作品）

幸福颠簸的父爱

青少年宫的后门口，一辆黑色的电动车驶了过来，车前踏板上放着一张棕黄色的原木小板凳，小凳子上还趴着一个小女孩。

那小女孩胖胖的脸蛋被阳光晒得微微发红，两根乌黑发亮的羊角辫紧紧地贴着她的脸颊。

蹬车的父亲坐在车座上，身子小心翼翼地，做出最大限度的前倾。为了既不吵醒女儿，又要竭力使车子保持平衡，他捏车把子的手青筋毕露。

到了停放电动车的地方，父亲跨下车，轻轻拍了拍小女孩，可小女孩并没有醒，只是晃了晃脑袋，又进入了沉睡的梦乡。

这时，让我感到惊讶的一幕出现了：爸爸因为不忍心叫醒女儿，竟使出全身的力气，硬生生地拎起与摩托车一般大的电动车，放上了几寸高的人行道。我曾经玩过妈妈的小巧型电动车的电瓶，那个沉重啊！不用说，在车上没有小女孩的情况下，将带电瓶的一辆大型电动车扛上马路牙子已是不易。而眼前，带着小女孩将电动车提上马路牙子，那么令人揪心的高难度动作，这位父亲居然完成了，而且完成得很顺利。这不禁令人浮想联翩，在平常岁月平凡日子中，这位父亲曾经有过多少次这样的"训练"。

沉思中垂下眼帘，我发现了更令我惊讶的一幕：这位爸爸的两脚竟然是高低不平的，一只脚始终瘸着，在吃力地跟上另一只脚。

随后，爸爸又一手轻托女儿，一手尽力伸长给电动车上了锁。他那棱角分明的脸庞都因为艰难地用力而扭曲了起来。而一只萎缩的脚，依然蜷曲着挂在身体右侧。

完成了这一项大工程后，老爸又站到女儿边上，一边深情地摸着她的背

脊，一边看着她红苹果般的脸蛋，似在欣赏一件精美绝伦的艺术品，同时又似颇犹豫着做什么艰难的决定！

这时，或许是女儿的上课时间要到了吧，这位父亲一只手轻轻地抱起了女儿，仅用另一只手，努力把小板凳和电动车锁到一起。在摸索的时候，父亲的手不知被小板凳夹了多少次，被车轮刮了多少次，脸上却浮现出无比满足的表情，想必是感受到女儿在肩膀上的幸福重量吧！

锁好了小凳，父亲抱着趴在他肩头、仍在酣睡中的女儿，消失在了金黄的阳光碎片中，一瘸一拐，左右颠簸。但是，每一步都是幸福的颠簸。

这一幕，我看呆了，一时忘了旁边还有亲爱的妈妈在，直到听我这位文艺兮兮的青年老妈发出她的感慨——原来，颠簸的人生也有颠簸的幸福与美丽！

（2011年　四年级作品）

军绿挎包

$\mathbf{学}$校里，在种满了如荫豌豆的花廊后，一个不引人注目的角落里，有一个小办公室。屋里的摆设很简单：一桌、一柜、一堆小杂物，其他的，就是那个上了年纪的老师，姓严，还有那个军绿挎包。

那个包已经旧了，一处处线都随着时光的磨砺断裂。可里面依然塞得鼓鼓的，卷尺突了出来，一个个铁螺丝你拥我挤的，螺丝刀头则从包的缝隙中溜出……这是一个被人遗忘的办公室。只有哪个班里的灯、门锁坏了时，严老师才会带着包，急急赶去。

每当看见那军绿挎包，张着大嘴，待在某个班级的门口时，那个班里，一定有严老师专心拧着螺丝刀的身影。修好，他又背上那只挎包，转身、远去，从不要求一丝喝彩……那个办公室又冷清下来，直到下一个调皮的同学弄坏了电灯、投影。那只挎包才会又一次随着严老师匆匆的脚步，出现在那个班级的门口。

有一次，他在我们上科学课前去修门锁，依旧是那顶黑色的鸭舌帽，那双青布鞋，以及那个已然老去的绿挎包。课前，我看着他修锁，拧下螺丝，扳开铁片，装上新钉子，熟练、利落，但毫不张扬。那个挎包也静静地蹲在桌上，没有耀眼的色彩，更不是知名的品牌，只是趴在那儿，抱着工具，沉默着。

突然，严老师的手一滑，尖锐的螺丝刀在螺丝上一个趔趄，直直地落向他的手。顿时，他的大拇指上出现了几缕白印和一道深深的血痕。我原以为他会停止工作，谁知他只是停顿了一下，伸出一个粗糙的指头去摸了摸，缓缓吹了口气，就又缓缓拿起螺丝刀，轻轻拧起来。可现在他的左手却像是不听使唤，笨拙得拿不稳钉子，在他的不断努力下，钉子才稳稳地往里推进，可血痕是越来越浓了。

我的心突然抖了一下，接着，心里涌上一股气流，温中夹寒，酸中带暖，眼前，也雾气升腾起来，模糊了眼睛。可在这模糊中，那原本趴在桌上的包，却仿佛立起来了，一处处断线也渐渐合上了，又焕然一新。等我回过神来，那挎包依旧沉默着，一声不吭。

严老师又走了，没有一声喝彩，只有那个质朴到尘埃里去的军绿挎包在他的腰边摇晃……

（2012年　五年级作品　课堂习作）

因为有了我

因为有了我，爸爸的额上，又多了一丝深深的皱纹；因为有了我，爸爸的发丛，又多了一抹雪亮亮的白……而正是因为有了我，爸爸对这个家，又多了一份沉沉的牵挂。

记得那天，爸爸要去出差。"只要一天就回来！"爸爸是那么说的。看着爸爸和我签下的"按时回家合同"，我高兴地说："好！"

我小心翼翼地把我们的合同放进了柜子，我小小的手印边，爸爸的大手印就像一座高山，我看着它，笑了。

可爸爸原本要回来的那天，他却打来电话，说："宝贝，我今天不能回来了，乖啊！"我一听，立刻号啕大哭："不！爸爸坏，爸爸好坏——讨厌——"爸爸在电话那头听着我的哭声，沉默了……

放下电话，我伤心极了。原来爸爸这么坏！听着地下车库的门开开关关，我总是幻想着，爸爸在开玩笑，他回来了呢！可每次从门口由远而近的，不是"哒哒哒哒"的高跟鞋声，就是向单元楼上走去的声音，我失望了。

上床前，我又听到一声地下室的车库关门声，我条件反射般地兴奋起来，但理智的提醒使我立刻又失望了：这么晚了，爸爸不会回来的。可我真的听到

给爸爸收拾胡子拉碴的脸是我的最爱

了那如天籁般的熟悉的钥匙转动的声音——是爸爸！

爸爸进了门，我一下跳到他的身上。我问："爸爸，你怎么回来了？"爸爸拿出"合同"，亲着我的脸蛋，笑着说："违规可是要罚款的哦！"我的小手摸着爸爸胡子拉碴的脸，听着他爽朗而略带沙哑的声音，头靠在他的肩上。我闻到了爱的味道，这味道，也是因为我呀！

（2010年　三年级作品）

爸爸，
我想对您说

爸爸对我那么好，可我还是不满意，我要对他提要求，强烈的要求！——爸爸，我想对您说：

亲爱的老爸：

您好！

天已经很晚了，小区里还亮着灯的人家屈指可数。可您的房间里还亮着灯，您像往常一样还在上网。爸爸，您为什么总要熬夜呢？为什么每次当我早早睡下时，你总要在电脑前坐到十一点、十二点呢？爸爸，难道那个小小的黑盒子里的空间比这丰富的大世界要精彩吗？我早已发现，平时，您总是陪在我身边，是个十分称职的好爸爸，可一当双休日我去上课时，您便黏在了电脑前，一坐就是几个小时。爸爸，听我的话，改掉这个坏习惯，好吗？

还有一次，我半夜起来上厕所，一看时钟，都已是凌晨一点多了，可您的房间还亮着灯，您一定又在上网了。我走进房间，对您说："爸爸，都一点了，您怎么还不睡觉啊？"没想到您却说："女儿，你怎么就穿条棉毛裤啊！会冷的，赶紧上床，不然明天会迟到的！"那天晚上，我躲在被窝里好久难以入睡，我一想到您浮肿的眼睛、蜡黄的脸颊、时而发作的颈椎病，我的眼泪就止不住掉了下来。那是我第一次没有在睡前被您哄笑。

爸爸，您这个熬夜的习惯，这个爱上网的习惯，什么时候才能改掉呢？我知道有时您是在处理一些事情，但这已经够累了，做完以后您就也睡觉吧，不要再上网，看电影了，好吗？

您这个习惯，不但伤害了您自己，也伤害了我的心。您什么时候才能让我

　　在睡前不为您今晚会不会熬夜而担心，什么时候才能让每天六点上班，又爱早睡的妈妈不用戴着眼罩勉强入睡呢？

　　爸爸，答应我不再熬夜，好吗？

　　来，我们拉钩！

　　身体健康，不再熬夜！

您的宝贝：冰冰

2011年3月22日星期二

　　　　　　（2011年　四年级作品　课堂习作）

魔术一路

　　"哈……"我又长长地打了个哈欠，第三次问爸爸："啥时候才到舟山啊？"爸爸的回答依旧让我失望："还要两个多小时哦。"虽然窗外是壮阔的东海，可我一点也没有兴趣欣赏，暗想："已经是第三座大桥了。"

　　老妈正忙着找她的手机，更没有心情往窗外看，外婆则靠着车窗打盹。老妈找了一会儿手机，依然一无所获。突然从我的包里掏出了一个魔术道具，兴高采烈地说："女儿，你肯定不会这个魔术吧？""谁说我不会？"看着老妈惊讶的表情，我得意地变了一个给外婆看。老妈说："你教教我？""不行，祖传秘方，概不外传。"我故作镇定地说。"你一定不知道这个魔术的原理。"老妈用激将法啦。而外婆更"狡猾"，一边装作打盹，一边偷偷地观察"战斗"情况。一看时机成熟，就瓮声瓮气地问我："好外孙女儿，你教教我吧。我们不理你妈妈。"我禁不住她们的双重夹击，只好放弃抵抗，乖乖就范。

　　我一次次地示范给妈妈和外婆看，外婆却抗议："强烈要求慢动作回放！"我只得学着电影里的慢动作"回放"，只不过速度比蜗牛还要慢，老妈又开始抗议了："这电视机卡了，看看有没有到保修期，赶紧找人来修理修理。"

　　终于，我教会了两名学员，我宣布道："下面进行期末考试。一号学员开考，时间两分钟。"只见外婆小心翼翼地把银色的金属环套进链子里，再勾到手上，外婆一放手，环居然没有下落，只是摇摇晃晃，突然，环"啪"的一声，掉了下来。"Pass！"我宣布道，"二号学员开考，时间两分钟。"老妈拿环套着链子，胸有成竹似的一放手。咦？环倒是掉下来了，可是掉到了外婆

的脚背上了。"二号学员不及格，立刻留级。"我和外婆坏笑着。老爸在前面粗着嗓子对我说："经《交通法》第3691条规定，你已经严重分散机动车驾驶人的注意力……"笑声，又一阵响起。

小小一辆车，浓浓温暖情。

老妈的炖锅

老妈的炖锅，装着秋冬，载着盛夏。在老妈的炖锅中，我永远舀不尽一勺勺爱的滋味，绵延不绝。

—— 题记

厨房里，碗柜上，有一口炖锅，银色的身子闪着亮光，乌黑的握把映着火花，上小下大的样子，像极了我鼓鼓的肚皮，装满了清香与美味。

平日里，吃晚饭时，餐桌上便会有这个炖锅。锅中，有时是青菜汤，一片片青绿的菜叶在微微泛青的汤中沉浮，丝丝清香飘进鼻子，好不痛快。用筷子一拨，底下便现出几个憨头憨脑的肉丸。舀一碗汤，有些烫烫的，吹一口气，清香四溢。咬上一口，青菜的甜糯、肉丸的咸香与清汤的淡香，混在口中，经久不散。

有时候是玉米排骨汤。银色的锅中，金黄的玉米、玉色的嫩骨，还有那微微泛着油花的汤，就这样组成餐桌上的一幅浓重而经典的油画。玉米甜甜的，切成一小段一小段，透进排骨的香，啃完后，那玉米芯仿佛也香甜到能啃能咬。每每看着我和老爸抢汤，直到最后锅壁上被刮出一层闪亮的仿佛爱的颜色，老妈永远只是直直地优雅地坐着，笑眯眯地看着她的成果被一扫而空。

寒假里，只有我和老妈在家，不会炒菜的老妈只好靠这只"炖锅"度日。锅里常常弥漫着粥的香味。白花花的、嵌着几颗红宝石的是红枣粥；金黄色的、点点白玉微露头的是米仁小米粥。最最美味的当然还是皮蛋瘦肉粥啦，粉嘟嘟的瘦肉、黑黝黝的皮蛋、翠绿的小葱、本色的白米混合着煮得刚开口的米仁。装上一碗，"哧溜"地吸上一口，原先冻得通红的鼻子一定也恢复了本

色，此时肉的咸味、皮蛋的鲜味、米的香味，充盈了身体的每个细胞。

先喝一口热汤，带着米香和肉咸的味道立刻占满了身体，全身都好像埋在暖暖香香的雾气里了。吃一口白粥，一吸便软，软得甚至怀疑是否真的吃过这美味，下了肚，口中只有淡淡的香。再送一颗肉粒进嘴，那肉已炖烂了，完完全全地浸润了米香，下肚后，留给喉咙口小小的温暖。

老妈的炖锅，还会煮水饺，水饺像白白的船，在沸水中翻腾。美女老妈是个唯美主义者，她下厨是极讲究色香味之"色"的，饺子端出前，必撒上一撮切得细细的葱，让我蘸着淡淡的镇江香醋吃。一口咬上，饺子皮的滑、饺子馅的香、米醋的酸，成了天然的绝配，被咬开一半的水饺，露出红、绿、粉、白……红的是辣椒、绿的是芹菜、粉的是瘦肉、白的是萝卜……

暑假时，天气热得发烫，就算躲在空调房，也会被窗外毒辣的太阳晒得没有胃口。这时，老妈的炖锅又来发挥作用啦。放一些绿豆、银耳、莲子、百合、红枣……加上少许的冰糖，煮上一锅俨俨的银耳绿豆汤，放进冰箱冷藏。有时候，外面上课回来，全身冒汗的时候，老妈盛出一碗冰镇绿豆银耳汤，喝上一口，让各种作料在口中慢慢融化，顿时，凉意遍布全身。

老妈的炖锅，装着秋冬，载着盛夏。在老妈的炖锅中，我永远舀不尽一勺勺爱的滋味，绵延不绝。

（2011年　五年级作品）

炖一锅爱的滋味，绵延不绝

一篮越吃越新鲜的草莓

"**快**来买啊！新鲜美味的大草莓……"妈妈禁不住诱惑，停下自行车，拉着我去买了一小篮。

晚上，妈妈小心翼翼地反复冲洗着草莓，嘴里直念叨："草莓这玩意儿就是不禁压，你看都颠软了不少呢……"说归说，洗净沥干后，我和妈妈还是高高兴兴地吃起了草莓，妈妈说："宝宝，你小，你挑大的、红的吃吧！""好！"我爽快地答应着，可暗地里却和妈妈一样，也在挑白乎乎、软塌塌的吃。

谈笑之间，妈妈一低头，发现剩下的草莓越来越新鲜了，急了，又对我说："你挑好的吃呀！"见妈妈满脸疑惑，我心里暗暗得意。妈妈边说边用她那不再细嫩的手，拿起一个又大又红的草莓放进我的嘴里，真甜！于是我撒了个小小的谎："我吃的不都是最好的吗！妈妈你也吃好的呀！"接着，我还是"知错不改"——继续拣草莓中的"残兵败将"吃。

最后，竹编的篮底只留下了几颗最大、最红、最脆的草莓，我和妈妈都看着对方，笑了。

小小的一篮草莓会越吃越新鲜，是因为爱做了它的魔术师。

（2010年　三年级作品）

盛满爱的花帽子

爱，犹如温馨的橘红色的灯光

依旧是在山水人家那热闹的小鸟的唧啾声中，我睡醒了，发现床头灯戴着一顶红底碎花的太阳帽，我趴在床上努力回想昨天晚上发生的一切。

昨天，因为我的床单还没干，于是我睡到爸爸妈妈的房间。可是，妈妈并没有因为我睡在边上而停止每天晚上雷打不动的工作——备课、批作业。我惬意地躺在妈妈的腿上，看着她一脸专注地批改堆得像小山一样的作文本，我时不时调皮地用头拱一拱妈妈。每当这时，妈妈就会低下头轻轻地摸摸我的小脸蛋，柔柔地问："宝贝，想喝水了吗？"我朝妈妈坏坏地一笑："你又上当啦，人家撒撒娇而已嘛。"

已经很晚了，我渐渐有了睡意。我问妈妈："这么晚了，你也睡觉吧。"妈妈说："我还有好多事情呢，你先睡吧，宝贝。"说着把一顶花帽子盖在床头灯上。顿时，刺眼的白炽灯光暗了下来，变成了温馨的橘红色。我想，妈妈对我这么细心，对她的学生们除认真负责外一定也很细心吧，他们可真幸福，我都有点嫉妒他们啦。这时，我想到我那些总是被老师仔细批改的作业，我的老师们一定也经常和我妈妈一样批改作业和备课到深夜，我顿时觉得我比妈妈的学生们幸福多了，因为我又有好老师，又有好妈妈。

这温馨的橘红色的灯光像催眠术一样，让我很快进入了梦乡，而且睡得很香很甜。那充斥于帽子内的灯光，就是妈妈心中装得满满的爱吧。

每一次，我睡到爸爸妈妈床上，床头灯上都会出现一顶盛满爱的花帽子。

（2010年　三年级作品）

隔着楼板的爱

  "叮咚！叮咚！"我刚想去开门，可突然想起大人教的话，一定要先看一下猫眼。我看到了一张白白净净的圆脸，一双大大的眼睛，原来是楼上的大妈妈来了，我忙打开了门。

  还没等我说话，大妈妈就拿出一件粉红色的羊绒衫，说："冰冰，我又给你织了件毛衣，喜欢吗？"这时，妈妈也闻声从房间里走了出来："哎呀！瞧你年年记着，你让我们怎么过意得去？"又对我说，"这么漂亮的衣服，快穿上试一试！"我一穿上，大妈妈又念叨开了："这颜色，你应该喜欢吧，你全身都是粉红色！这领子会不会难受啊？这可是最软一档的羊绒呢，我特意织了你最喜欢的中领。"这带着海盐口音的念叨绵软而令人感到无比的温暖。

  我回到房间做作业的时候，还穿着那件衣服，我突然想起了什么，对着正和妈妈聊得热火朝天的大妈妈调皮地说："这件衣服我不脱了！"穿着软软又暖暖的毛衣，我感受到了一个邻居的大妈妈的爱。

  这已经是楼上大妈妈送我的第三件毛衣了，翻翻日历，不迟不早，正是立冬刚过的日子。妈妈自言自语地感叹："唉！我真不该在散步的时候多嘴，说天冷了，很想给女儿准备一件手工羊绒衣，又没有时间打……"

  这不，大妈妈的巧手，大妈妈的爱心，一个个冬天，就那样地温暖着我！

（2009年 二年级作品）

快乐情人节

"布谷，布谷……"是谁在叫呢？"嘘！"爸爸指着树上的一只小鸟说："看，就是那只小鸟在叫啊！再听听，你听出它在说什么吗？"我竖起耳朵听了一会，忽然我看见了在我面前的两个大字"孤山"。这时小鸟的叫声在我耳朵里慢慢地变成了："不孤，孤山不孤！孤山孤不孤，不孤！"

今天是"情人节"，我们全家心情好，爸爸带着妈妈和我这个小淘气到孤山去遛一遛。进入中山公园大门，迎面看到两个猩红的大字"孤山"，听到可爱的布谷鸟的欢迎声，我们开心极了。

翻过孤山，我们看到了下面一片红艳艳的梅花，像晚霞般笼盖在西湖边碧绿的草地上，就像一幅美丽的水彩画。我迫不及待地往下奔，转眼间就钻入"晚霞"中。"冰冰，冰冰——"爸妈在"晚霞"边的石板路急切地呼喊我，"哎！"我一溜烟地跑到爸爸跟前。爸爸指着一株开得最艳丽的梅花说："来，摆个pose，我给你拍几张照片。"我钻到梅花底下，这时，微风吹来，片片花瓣落到了我的头上、肩上和衣服上，顿时，我成了一位美丽的花仙子。爸爸给我拍了一张又一张。妈妈也在一旁撒娇地说："我也要拍，我也要拍嘛！"

这时爸爸提议我们到西湖边的小桥上去看柳树。我们转到"梅妻鹤子"林和靖纪念亭前的小桥上。嫩绿的柳芽偷偷地从妈妈的怀抱里探出头来，迎着微风飘荡。小野鸭在湖面上欢快地叫着，游着。啊！春天已经悄悄地来到我们的身边，我要在新的一年里争取更大的收获。

在回去的路上，看到可爱的小松鼠，它似乎一点也不怕我们，在我们头顶的树枝上玩耍。后来，它还蹲在树杈上，伸出前爪问我要果子吃，我拿了几颗小松子向它扔去，它吓了一跳，飞快地跑开，我失望地离开了，但是我不甘心地回头看了看。"咦——"小松鼠又飞快地跑下来捡起松子往嘴里塞。我开心地喊道："耶，小松鼠在吃我的松子了！"

晚上，我还给爸爸妈妈安排了一顿浪漫的烛光晚餐。

（2009年　二年级作品）

微风拂来，片片花瓣落到了头上、肩上和衣服上

新年礼物

牛年春节快到时的寒假，小朋友们都在捉迷藏，放鞭炮……你听，哥哥又来叫我了："冰冰，快来看烟花！"烟花虽美，可我只看了一会儿就又上楼去了。

原来，我要画一幅小牛的年画送给爸爸妈妈，画面是这样的：两只小牛，一只是来吉哥哥，一只是我。来吉哥哥拿着一个大元宝，我提着一个大灯笼。旁边写上四个大字"牛气冲天"。

为了给爸爸妈妈一个惊喜，不让他们发现这个秘密。每一次我画完画，都要把画藏在椅子垫下面。这可不是放一两次，而是藏了又拿，拿了又藏，要放很长的时间。因为这张画我画了四天，每天都要画、描、涂、修……

大年三十终于到了，我迫不及待地把画拿了出来，爸爸高兴地说："这幅画多少大洋都买不到、换不来的。"

我想，努力总会有收获的，我这次的收获是一家人的开心和对爸爸妈妈的美好祝愿。

（2009年　二年级作品）

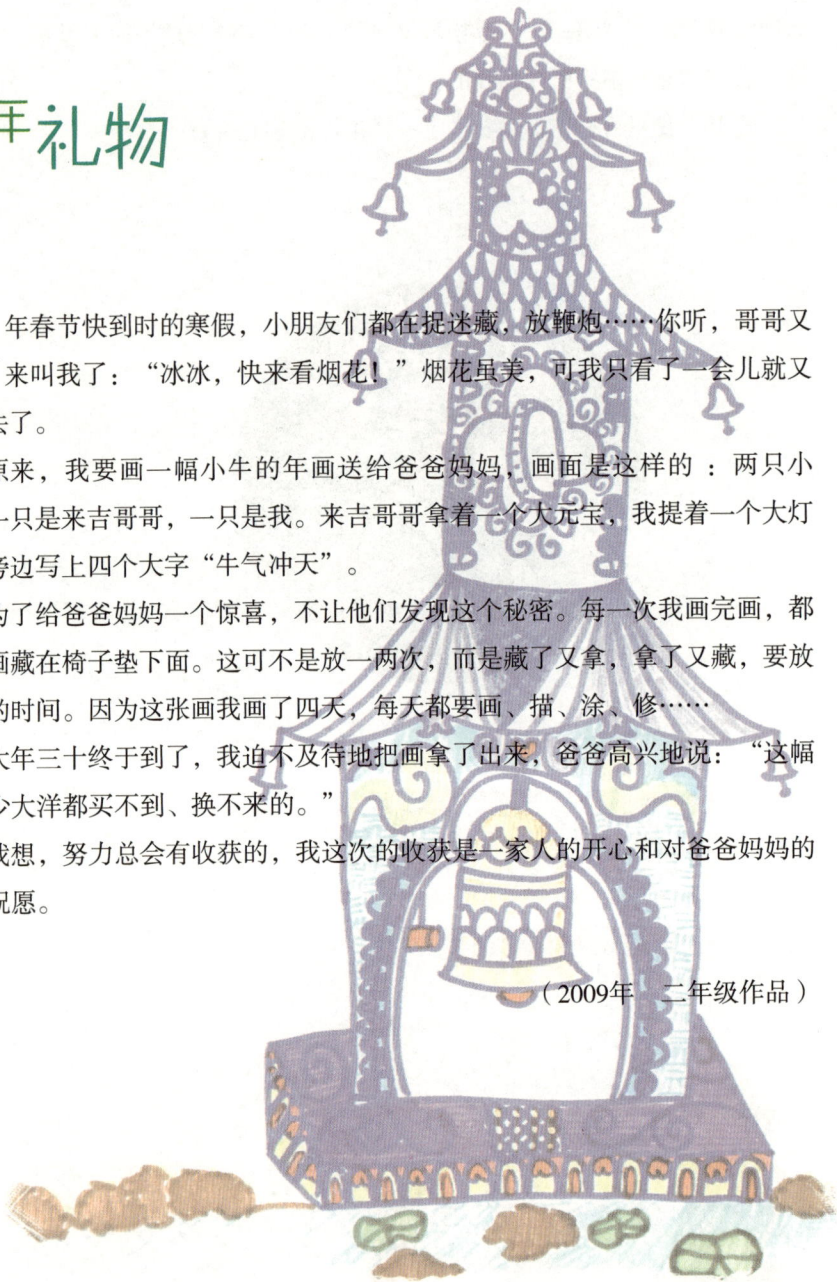

老妈的极品语言

见过心急的，却没见过我老妈那么心急的。行事果断行色匆匆脚底生风，说话不仅快，简直是省略得不行啦：

其一：

"咱们把这个碗吃了吧。"就是饭将毕，看到那一碗里的菜已剩不多，不想要将那一点点诸如青菜西兰花留到明天的意思。

其二：

"女儿，脖子带了吗？"

"啊！你脖子没带，咋就戴头了呢？"

"快，把头摘下了，先戴脖子吧！"

——以上绝不是恐怖小说的片段，而是——上学的日子，偶跟着老妈出门前老妈的发话。

"脖子"其实就是围脖，"头"就是指帽子的意思，嗨！

还有，老妈太直接，我最受不了的是老妈常揪住我的便便状况不放松，最最最受不了的是，老妈必在每天早上为我准备学校水壶时问我这等情况，使我不得不努力去回忆昨天我的便便离开身体时候，是一种怎么样的感觉。而老妈永远觉得这个很重要，因为这将直接决定今天给我带去的饮水是菊花枸杞呢，还是桑叶茉莉？是桂花山楂呢，还是纯白开水？老妈呀！

我的称呼

在老妈嘴里，我的称呼，惯常是"宝贝"，还有"心肝"、"肝肝"、"心肝宝"、"囡囡宝"、"臭妞妞"……形形色色不胜其多。根据老妈心情与彼时氛围而定，我本人是不得择而启用的。能想象，一个会打扮爱发嗲的老妈，用其柔美之声声声唤我的享受吗？哈哈！

（2010年　四年级　随记）

泡脚时光

外婆常说，咱们家三室两厅的大宅，三个臭人却常喜欢一起窝在狭小的厨房与卫生间。在厨房，常是老妈洗涤老爸下锅我择菜打蛋之类，在2∶1（老爸和我，老妈）的斗嘴嬉笑中完成周末一餐两菜一汤的制作。

在卫生间，则是睡前的刷牙洗漱泡脚时，从来都是弃用一个卫生间，三个人挤在另一个卫生间内"摩肩接踵"。这期间，便有了这段"泡脚时光"：

老爸为我兑好洗脚水，我早已迫不及待地坐在小板凳上欲开始一天的"泡脚阅读"时光。忽而传来老爸一问："女儿，咸淡怎么样？"哎！老爸其实是想说："女儿，水是烫了还是凉啦？"晕！

（2010年 四年级 随记）

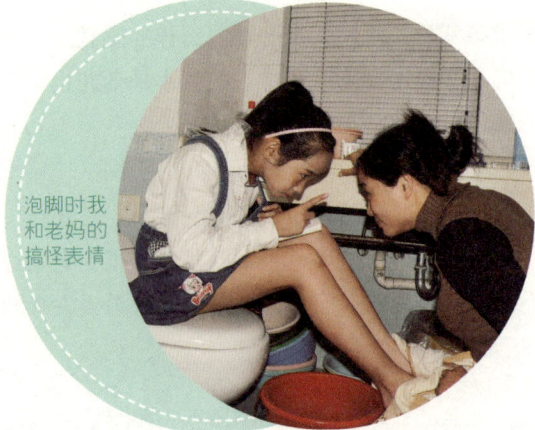

泡脚时我和老妈的搞怪表情

行走的小脚丫

Xing zou de xiao jiao ya

南麓的景

"**茫**茫天地一沙鸥。"一只海鸥从电杆上扑棱棱地飞起，飞向远方若有若无的天际……

这是我们在宾馆阳台上看到第一眼的南麓岛。起先，因了舟山浑浊的海水，让我对海没有向往。所以此次旅行，我的兴致并不高。但到了岛上，我的脑子便像被棕帚刷子刷过一样，立马改变了对海的看法。蓝，只有蓝，纯粹的、仿佛圣洁的青藏高原才有的蓝。还有芦苇，漫山遍野的芦苇，长满了山坡、草地、岩石和沙滩。

第一次去岛上的三盘尾看日出，我们踩着月亮的影子前行。一路上，团团的苇絮探进车窗，掩映着同样洁白的浪花。接着，仿佛天地间亮起的刹那，眼前豁然开朗，一个临海的小渔村，还在沉睡中，远处平静的海面上，几首渔船正渡向天边茫茫的蓝……

在南麓岛的一片无人的小径上走，突然一个上坡，坡上一条石板小道，石板的缝隙里长出了杂草，路边也是那白白的苇。仿佛是铁轨可以乘坐列车达到另一个世界，也仿佛是一筒古老的胶卷，走上去，就回到过去，看到那个有羊角辫的你。于是我走上去，走上去，一直走到一片明媚……

（2011年　五年级作品）

走上去，走上去，一直走到明媚……

南麂的瓜

"香瓜呀！自家种的又脆又甜的香瓜呀！"在黑芝麻白松糕的诱惑前败下阵来以后，又一阵卖瓜的吆喝声传入我们的耳中。

碎石路边是一个个小小的石屋棚，棚子地上摆放了一溜长椭圆形的西瓜，鹅黄色而小巧的甜瓜。甚至连空气中也飘着一阵阵瓜瓤的清香，那呛人的海腥味，似乎也在这一瞬间无影无踪。

在即将走完三盘尾的小路边，瓜农们肩挑着瓜出现在口干舌燥的我们面前。定睛细看，附近的草丛就是瓜民们的"进货渠道"，原来那是一块小小的瓜田。农民阿姨给我们挑了几个最大的甜瓜，我们便开始削皮，那一个个瓜在一贯崇尚天然的老妈迫不及待的"沙沙"声中，很快由水清色蜕成了象牙白，于是各自直接捧着瓜啃了起来，两三口下去，甜瓜就露出了金黄的籽……

三下五除二，我们便两手空空了——除了手上沾着瓜汁，嘴角粘着瓜籽。来岛上三天，我们仨俨然已成了豪放的海岛人。

紧接着，剽悍老爸又做了一回残忍的刽子手，一个浑身美丽绿条纹的西瓜被他开膛破肚，西瓜一破开，妈妈就夸

两三口下去，甜瓜就露出了金黄的籽

怎么样，的确不错吧？

张地嚷嚷："哎！女儿你看你看……""闻闻都是我们小时候吃的味道呢！"老妈兴奋得手舞足蹈，语无伦次，"你看，瓜籽多么多啊！多么乌黑呀！"果真，几口咬下去，脆生生的，最后我们的嘴角就印了黄红黑的三色旗。

最后告诉你一个消息，你可别被雷倒哦！咱们一家人还将一个十七斤重的大西瓜一路从南麂运回了杭州，西瓜擦过飞云江，路过东海边，穿过诸永高速，一路滚呀滚，来到了杭州。

（2011年　五年级作品）

南麂少年

"一曲高歌一樽酒，一人独钓一江秋。"在南麂岛漫漫蓝色中的一个码头上，一个光着膀子的少年，静静地握着一柄鱼竿，端坐在长满贝壳的礁石上，等待……这似乎只在电影上才有的镜头，却活生生地出现在我眼前。那个只穿着条短裤，趿着一双不合脚的拖鞋，捉水壁虫当鱼饵的小男孩，一坐上礁石，握住鱼竿后，竟倏地沉静下来，透出一份不可言喻的成熟，留给苍穹的是一个精瘦，又似乎饱经沧桑的背影。他并不注视着微曲的鱼竿接水处，而是眺望远处那一轮欲落未落的红日。仿佛间竟似一位仙风道骨的老者，在思索人生的哲理，又似乎是过去和未来的时间信使，一不小心迷了路。

鱼竿微微抖动了一下，他提起查看，是一条珍贵的小虎符鱼，那个少年轻轻地取下，走下礁石，将小鱼小心翼翼地送回涨潮的波涛中，好像一不小心钓上了一样不需要的东西……

远看，只有一轮红日，还有，天、地、人——那个赶海的少年。

（2011年　五年级作品）

那一次远行

那一次远行的背影，是碧蓝的海，湛蓝的天，是白石青草，红日乌贝。

那一次远行的地点，是东海之极——南麂岛。殊不知，那岛上，竟有四域风景。

踏上码头，迎面吹来的微风，阵阵都带着咸咸的鱼腥味。绕着岛走一圈，沙滩上的海贝在午后阳光的照射下熠熠发光。大丛的海芦苇，在风中摇曳着、碰撞着，由于常年海风吹海浪打，竟有了金属般的声音。而那顶上的芦絮，依然没有一丝坚硬的线条，绒绒的，像团团白云飞在金沙之上。

傍晚，走上半山腰，眼前是一个依海渔村，房前屋后晒着各式鱼干，一件件渔具靠在房前。小黄狗趴在草丛中，追着哪个赶海少年丢弃的破皮球。房屋是典型的渔家屋，矮矮的，为了怕被台风吹走屋顶，瓦上压着大石块。另外还在四周种上藤瓜，让蔓儿爬上屋顶，利用藤蔓结实的力量拽住小屋，再不放心，就在四周用绳子吊上石磨，一个天不怕地不怕小渔村，便蹲踞了下来。

第二天一早，沟涧里青蛙巨大的叫声，响在静悄悄的小岛上。天上清晰的

银河，还没有消失。在这夏日清晨，红日将出。走在去三盘尾的路上，两边是葱茏的草，还有一群鸡在草中闲逛。到了三盘尾，太阳已高挂在一根海石上了，也不用遗憾未见日出，因为这里，竟有草原美景。一个山坡上，是一级级青石台阶，望上去，仿佛没有尽头，周围是无尽的草。这台阶，就像被人遗忘的铁轨，静立在此，细数岁月。

岛的另一侧，是高低起伏的白石，走上去，仿佛有一种天地之间只有碧海断石的错觉，一转头，便触见几根高耸的石柱，立在白色的浪头中，头顶阳，脚踏浪。这一处是一片无尽的礁壁。

东海南麂岛，那儿的碧海、渔村、草甸、礁石……我不会忘记。

那一次远行，我亦不会忘记。

（2011年　五年级作品　课堂习作）

大丛的海芦苇，在风中摇曳着

金陵风味

昨天，爸爸妈妈带我去了六朝古都——南京。期间，我们去了湖南路狮子桥美食街品尝中国八大风味小吃之一：南京小吃。

一走进狮子桥，空气中便弥漫着一股股诱人的烤肉香味，我就像一只鼻子灵敏的小狗，带着爸妈，循着香味找到一家名叫"天尝烤肉串"的店。透过玻璃橱窗往里瞧，盘子里装着奶白色的是鱿鱼饼，上面洒满芝麻棕色的是鸡肉串，微微露出白色软骨的酱红色肉串是骨肉相连，涂着金黄色咖喱的则是他家的招牌货——里脊肉串。炉子的碳火上，一排烤肉正像安逸的螃蟹一样吐着泡泡，发出滋滋的响声，往下滴着油，香气就是从这里冒出来的。

吃完了肉串，扭头发现对面的招牌上写着"回味鸭血粉丝汤"，爸爸说这是南京十分有名的粉丝店。走进店里，爸爸给每人点了一碗鸭血粉丝，不一会儿，服务员便端上来一碗热气腾腾的鸭血粉丝汤，这里的鸭血粉丝汤不像有些路边摊一样鸭杂少得可怜，乍一看就是整一碗鸭杂。用筷子拨开上面的鸭杂，能看到下面晶莹剔透的粉丝。夹起几根粉丝，阳光照在上面，像白玉条一般透明。送进嘴里，粉丝像打了蜡一样，直往你的肚子里溜。好不容易逮住一根粉丝，它的中间仿佛是空的，轻咬一口，躲在里面的香气像放鞭炮一般地爆了出来。再吃上几口鸭杂，那糯糯的是鸭血，粉粉的是鸭肝，脆脆的是鸭胗，韧韧的则是鸭肠。再喝上一口香味扑鼻的汤，那微烫的汤滚进喉咙，顿时，全身的每一个细胞都舒坦起来，秋天的寒气顿时消失得无影无踪。

吃着吃着，我忽然抬头，看到爸爸正目不转睛地盯着窗外，我顺着他的目光看去，原来他被一块招牌吸引了。只见二十平方米左右的招牌，上面有五个金光闪闪大字"京城葫芦王"，底部全是各式各样的糖葫芦图片。再看看卖糖葫芦的橱窗里，放着一个个晶莹剔透的水晶玻璃盘子，盘子里堆着像小山一样五彩缤纷的糖葫芦：破开的山楂中夹着的紫色是山芋，夹着的黑色是乌梅，夹着的白色是香藕，夹着的红色是圣女果……令人垂涎三尺。可是要买这美味的糖葫芦也是不容易的，在卖糖葫芦的窗口早就是人挤人了。可看着这样的糖葫芦，我还是信心十足地冲进人群中。买上一串包着糯米纸的糖葫芦，撕下糯米纸，入口即化。随即，那包裹着冰糖的鲜红山楂就露了出来，轻轻舔一下，刹那间，那甜味就在舌尖的每个味蕾上跳起舞来。

一边吃着糖葫芦，一边往前走去。突然我发现了一块古色古香的牌匾"阿二生煎铺"，那可是南京最有名的生煎店。我拉着爸妈的手，赶紧冲过去，店里装饰得古色古香，可我只对它生产的美食感兴趣。我们点了两客生煎包，又点了三碗泡泡小馄饨。生煎包的皮是乳白色的，柔软得像云朵，底部是金黄的，脆脆的像锅巴。爸爸拿起一个包子猛一咬，霎时间，汁水像利剑一样喷到他的脸上，让他狼狈不堪。而我则按照店堂内张贴的提示"轻轻移，慢慢提，先开窗，后喝汤"的方法成功地干掉了第一个包子。我咬着香香脆脆的皮，吃着甜甜糯糯的馅，心想：这家店果然名不虚传，确实像它所说的："雅客回头只缘小店传佳誉，山塘访古犹识生煎享大名。"

心满意足地走出"阿二生煎铺"，摸着似小西瓜一样圆鼓鼓的肚皮，我想，南京小吃真不愧是中国八大风味小吃之最啊！

（2010年　四年级作品）

"摄影师"妈妈说，咱俩像小鸡抢虫子吃

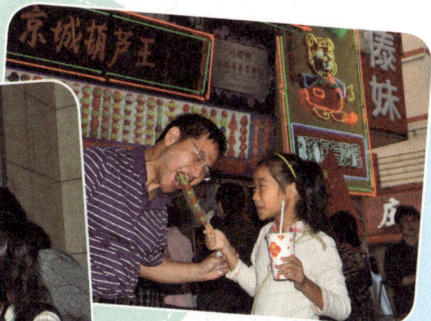

甜味在舌尖的每个味蕾上跳起舞来

夜游秦淮

晶莹剔透的河水在微风中荡起波纹，远处时不时传来白鹭的嬉戏声，这就是南京的母亲河——秦淮河。

坐在秦淮河堤上，一抬头，看见远处有四个醒目的大字：秦淮人家。对岸，灯火辉煌，彩灯不停闪耀，天上金子般的星星都被映得黯然失色。一阵风拂过，水面荡起涟漪，映在水中的这景象变成了五彩的颜料盘，仿佛正要给秦淮姑娘涂上亮丽的彩妆。

我们信步跨上轻舟，那船便摇向了东水关。过了文德桥，就仿佛从皇宫走进了农家小院，转成了一种小家碧玉的安逸。向岸上望去，满眼都是青砖黛瓦马头墙，木门纸灯雕花窗。那河边的树丛，虽已初秋，但并未枯黄，依然十分茂盛，船从树中间穿过，那绿意似乎要荡到窗里来。

船回转的时候，暮色更浓了，那依然翠绿的柳条笼罩着一团灯光，灯光照在柳叶后面的绒毛上，显得银光泽泽。叶丛中，站着一个个秦淮河神——七仙小姑，她们双手合十，双目微闭，似乎在祈祷秦淮河永远风平浪静。

这就是南京的母亲河，是她，养育了这六朝古都的文明。

（2010年　四年级作品）

天上金子般的星星，都被映得黯然失色

游拙政园

说到苏州，最有名的，莫过于园林了。这次园林之游的主要地点就是苏州四大园林之首——拙政园。

沐浴夕阳的拙政园

进入园林，便能看见四座景色各异的亭子。东边的一个亭子，在春天时仿佛被鲜花包围了，有牡丹、芍药……这是主人看春景用的。

而西边的则是看夏景的，夏天，荷花盛开，送来阵阵清香，亭子四周的柳叶遮去了阳光，真是个"避暑胜地"。

小山坡上就是看秋景的了，在菊花盛开之时，主人就登上高坡，吃蟹赏菊。

而观雪景的亭子则在一个角落里，但有腊梅送来阵阵幽香，大雪飘落时，从里面望去白雪一片，十分美丽。

在这个大院子里，连铺设台阶都有规矩。普通台阶都是用青云石铺就，却并不凿成型，随意为之。人走过台阶，就叫"平步青云"，如果一步跨上，就叫"一步登天"，两步跨上，就叫"步步高升"，三步走上的呢，则叫"连升三级"。

看着这金碧辉煌的大花园，我仿佛看到了一群群才子佳人在院中吟诗作画嬉戏打闹呢。

（2010年　四年级作品）

47

寒山之旅

"**姑**苏城外寒山寺，夜半钟声到客船。"唐朝张继的《枫桥夜泊》写的就是苏州千年古刹——寒山寺。

跨进寺门，迎面见到的是一座用檀香木雕成的朱红色佛塔，正中匾额"普明宝塔"四个大字庄严肃穆，佛塔顶部金光闪闪，有一条做工极为精美的金龙盘绕着一根又细又长的避雷针。金龙栩栩如生，身上的每一块鳞片都似乎闪耀着佛光。那时正是下午两点左右，又是阴天，暗白色的太阳正好照在塔顶上，在暗灰色的天空里显得格外耀眼，真正是不折不扣的"佛光普照"。那塔顶可是用纯金做成的，总共竟用了38.6千克黄金呢！

转过一扇木门，我远远看见一个小和尚正坐在庙门槛上，好奇地走近一看，只见他两手托着胖嘟嘟的腮帮子，眉头紧锁，一副若有所思的样子，似乎正在思考一个深奥的佛学问题。哈哈，原来他是一个大理石雕像呀！

旁边一个小和尚则侧卧在草地上，眼睛微闭，午觉正睡得香呢，嘴角还微微往上翘，也许是正梦见什么让他开心的事情了吧。

可爱的雕塑，让人在严肃的寺庙里找到一丝快活和放松

　　咦——那边树荫下的小和尚用他白白胖胖的小手捧着厚厚的经书正在勤快地诵读呢。但是，我发现他原来是个小调皮蛋，你看他的眼珠正在大大的眼睛里滴溜溜地乱转，仿佛随时准备在方丈师傅打盹的时候，瞅准机会，猫着腰，踮起脚尖，去寺庙的池塘捉两只青蛙来玩耍呢。嘻嘻，被我发现啦！

　　我仔细数了数，寒山寺里共有八个神态各异的小和尚雕像，有的光着膀子在练武术，有的吐着舌头在做鬼脸，有的撅着屁股在抓蟋蟀……实在是可爱极了，让人在严肃的寺庙里找到一丝快活和放松。

　　走出寺门，已是夕阳西下皓月方来的时候，而那佛塔金灿灿的光芒，仍未褪去……

（2010年　四年级作品）

感受故宫

金碧辉煌的大柱、乌黑墨色的金砖、青铜雕刻的香炉……这一切，组合成了一个雄伟壮丽的明清两代皇宫——故宫。

走入故宫的午门，眼前便是故宫的最大殿——太和殿。殿中，到处铺金盖银，中间的龙椅宝座上，雕刻着一条条栩栩如生的黄龙。宝座旁放着造型各异的香炉：仙鹤、海龟、亭子……

而御花园里又是另一种风格。处处是大片大片的草地，有一座太湖石堆起的假山，还有一两株桃花顶寒开放。院中的青铜鼎立在正中，静默中接受着风雨的洗礼。

在一片春光美景中，在一片金碧辉煌里，我们这些小孩在这里玩乐，也会在其中沉思。

故宫，是我们中华民族的宗祠，满透着我们对民族祖宗的敬意与敬仰，我们民族的祖宗有阶段先进，也有阶段愚昧，就像我们自家的曾爷爷曾奶奶曾外婆曾外公也许大富大贵也许平凡至极，但他们永远是我们的祖先，是我们的根。

所以，我们敬仰故宫，就是敬仰我们的祖先。

（2011年　四年级作品）

不朽·长城

五千年的风雨，铸就这万里长城
三千年的秋霜，成就了这千年古迹
你看
这烟灰的砖、粉白的泥
无不向我们诉说着长城昔日的英华
这长城
是英雄的容貌，不朽的魂
这长城
是千万的血汗，鲜红的血
铁杆上的凹凸不平
向我们道出攀登者不灭的热情
地面上坚定的脚印
向我们描绘游览者向往的神情
啊！你这蜿蜒在山中的古迹
不朽、不消、不化、不去
因为，你是长城
你是绵延在每个山顶、山脚、山尖、山腰的
——万里长城！

（2011年　四年级作品）

51

思·杭州

对杭州的思念，就像一个小秘密，静静地藏在我的心底。

这一藏，就是四夜五天。

在北京冷硬的寒风中，在北京滚滚的烟尘里，恍惚间我总是看见西湖、龙井、灵隐、雷峰塔。在北京餐桌上的饺子中，在北京饭店的面条里，恍惚间我总是闻到了西湖莼菜的清香，品出了桂花藕粉的甘甜。

北京的寒风在当地人眼里也许微不足道，可总使我想起杭州，想起杭州的春风和煦、桃红柳绿。北京的烟尘在本地人眼里已是家常便饭，可常使我忆起杭州，忆起杭州的水平如镜、落叶铺堤。

杭州，并没有胜过北京，而北京，却不能替代杭州。因为杭州比北京多了一种味道，那就是——家的气息。

（2011年　四年级作品）

月夜西溪

品一壶清茶方走，不迟；听一波水声再去，非晚。

—— 题记

远处天边的一钩新月，挂在由紫转蓝的天空，月光，透过薄薄的白雾，照在青石板上，如水，如波。路侧的杉树，投下叶子修长的剪影，石板上的凹凸，是年月的印记。一阵白鹭的鸣叫后，一切又归于寂静，只有车轮在石板上碾过的格拉声，还有秋虫在塘边菖蒲下的鸣叫。

月夜·庄

自行车骑入一条小径，穿过青竹，眼前，是一个在月光下沉睡的江南小镇。沿街的老屋，青砖、黛瓦，屋脚用粗石放了基，柱上的红漆，依然美丽。而那风卷飘拂的旌旗，能把你带到过去，带到那个烟雨江南。

眼前，又是一个小楼，门前的石狮与金漆门匾已有些破旧，却依旧掩不住这户人家曾经的辉煌。月下，看见那门口摆着一架竹椅，椅上的老人眯着眼，一手摇着蒲扇，一手抚摸着趴在他脚下、已经睡熟的黄犬。门槛上，又有两位老人在闲谈，地上，放着一壶西溪茶。一盏清茶、一把蒲扇，就伴着老人们，怡然安度人生的暮年。

月夜·塘

走出了乡村的古朴，转身又跌入无边的寂静。没有喧嚣，没有嘈杂，很静、很静，静到只有风拂秋草的沙沙，透过路边渐疏的苇叶，便看见那叶影斑斑后有闪闪水色。

又前去，两座石桥突地出现眼前，桥头，青石板通道下的苇丛中，隐隐传来捣衣声。循声走下石阶，果见几个越女在一块已被岁月磨平的石板上洗衣。

柔软的苇絮拂在她们的衣衫上，叶影映在她们的衣角边，原来无色的青衫，已绘就了一幅水墨。

"啪，啪，啪……"树梢上的鸟儿歪着头听着这最古朴的音符。这声音，融进了流水的清凉，揉进了月夜的静寂，洗进了苇叶的清香……

"长安一片月，万户捣衣声……"

月夜·塔

前面的树丛中，有一条小径，骑车闯入，里面竟是一座依水而建的木塔。走上台阶，摸着把手，把手上的清漆已被摸光，取而代之的是岁月凹凸的印迹，或许这是千百年前一棵老榆树最后的呻吟。

一圈圈，台阶绕向塔顶；一步步，走的就是无尽的岁月。

上了塔顶，向下看去，一片月下西溪展现在眼前，树丛密密地排着，白鹭悠悠地飞着，河水粼粼地淌着。更远处，一钩新月挂在沼泽的树梢上，静静的，弯如柳叶，薄如燕尾。

这一片无边的美景，衬出了夜空的乌黑，唤出了星星的闪烁，不似周围，天空明如朝色。

品一壶清茶，不迟；听一波水声再去，非晚。

西溪且留下。

（2011年　四年级作品）

快乐飞翔

爸爸带我和我同学邬铭等人一起去了天荒坪滑雪场滑雪。一路上，一处处美丽的风景似一幅幅色彩鲜艳的油画展现在我们眼前：陡峭的悬崖、美丽的山谷、神秘的山洞……

到了滑雪场，我们看到那里人山人海，就像洁白的大海中有许多小蚂蚁在游泳。

现在我知道了滑雪的工具由三部分组成：扁扁长长的雪板，笨重的雪靴和细细的雪杖。把雪靴扣在雪板上，手拿着雪杖，用雪杖用力撑着地面，如果是下坡，就会快速地滑下去，可好玩了。

开始滑雪了，我慢慢地向下滑去。突然，我的雪板带着我冲了下去，我吓得连忙把眼睛给闭上了，只听到风在耳朵边呼呼地吹。爸爸连忙下来追我，爸爸抓到我的时候我已经滑到很下面了。我停下来的时候，爸爸已经累得气喘吁吁了。

这时，我听到邬铭说："大家看清楚我是谁，我就是传说中的圣诞老人！"原来是她妈妈拽着她手中的雪杖在把她向上坡拉，好似圣诞老人坐在雪橇上。

不过这次旅行甜中带苦，我一不小心把脚给扭了一下，还好没大碍。

回来路上，我们还看到了翡翠一般的江南天池——天荒坪水库，又品尝了美味的竹筒饭。

下次，我们再一起去天荒坪滑雪吧！

（2009年　三年级　课堂习作）

再访天荒坪

那一根根冰凌，冻进了多少夜晚花草的细语，冻进了多少黎明虫儿的呢喃……

—— 题记

天荒坪，这个带着隐隐忧伤又不乏壮美的名字，静静地躺在地图上，仿佛等待着什么，或许，是等待着我再访天荒坪。

车，开进安吉的郊外，穿过满山遍野的翠竹，便见及一大道。道旁，是一片无边的荒野，留着零星的收割过的草梗。远处，没有山，只有一片温暖的黄，静静地向四周漫延开去。路边，有一石雕，是一匹高大的骆驼。那么古朴的形状，在夕阳下，又添了几分神秘。夕阳照在石雕的三个字上，红色的，重重地刻着：天荒坪。眼前的此情此景，才真正解释"天荒坪"的含义，天空地坪之间一片荒凉，只是路边偶尔有卖草莓农妇脆脆的吆喝，声音过后，唯留一丝淡淡的寂寞在空中盘旋。

车又上了山，慢慢地，沿着路，向上驶去，渐渐地竟见了一些白雪，有些凌乱却精致地散落在树间，给山尖添上了一层洁白、一丝晶莹。又上了一道弯路，眼前巨大的石壁上，一根根透亮的、闪着寒光的竟是根根冰凌，远望，仿佛武侠小说中的玲珑剔透剑，近观，却如条条透明丝绸。下了车，在壁间，还发现一个个硕大的珍珠冰球附在石壁上，给巨石贴上了一层水银壁纸。

我伸手想摸一摸那一夜寒冰，刚一触到，就感觉一阵刺，冰凉。那一根根冰凌，冻进了多少夜晚花草的细语，冻进了多少黎明虫儿的呢喃……水珠一颗颗落下，到明天，它们又将成为那莹莹冰霜。

终于，上了山顶。下了车，便闻到一股冰雪的气息，在村路边老大娘的小摊买上几个竹筒饭，边品尝着竹与米的清香，边穿过一道石门，走进天池。初入石门，从竹子的缝隙间看去，只是一片蓝。起先，以为是天，走出林间，才知是湖。

天池的水，不是黄的，甚至不是清澈的，而是悠悠天蓝。深深的水库，深不见底。水下，仿佛沉睡着一个淡蓝的童话，一群孩子在湖边跑着、跳着，笑声回响在湖上。

再访天荒坪，那三个淡淡的有些忧伤的字，从此，便住进我的心里：天、荒、坪。

（2011年　五年级作品）

队伍

东海的滔天浊浪，拍打着所有海滨的岩石，把多少石头，化成了细细的黄沙。可当奔腾的浪头涌向这神圣的净土——普陀，却渐渐平静了下来。也许是因为山脚下刻的"海天佛国"，也许，是因那支蜿蜒的队伍。

走进金碧辉煌的普济寺山门，在古老的樟树下，一支蜿蜒的队伍前进着。前进得虽然慢，却无比坚定。是一队虔诚的香客，三步一拜的，沿着弯弯曲曲的石阶前进。他们原本雪白的手套已经爬成了灰色，膝盖护套也被磨出了小洞。可他们依然一级一级地向着山顶努力着，每个人的脸上都有着同一种神情——执著虔诚。

又走了几百级台阶，"天华法雨"四个遒劲的大字在阳光的照射下交相辉映。跨进山门，竟然发现那支队伍已然有一半进入了大雄宝殿。一定是我们走得不够快，我这样想着、暗暗加快了步伐。可不一会儿我便停下来休息，喝口水，欣赏周围的风光……殊不知，那支永不停歇的队伍就这样又缓缓得超过了我们。

为了心中的梦想，他们愿意一刻不停地行走。无论有多少个可以休息的借口，无论有什么别样的诱惑。他们永远都心无旁骛向着自己的梦想努力。这，就是信念！

普陀金顶上，有一支坚定的队伍，有一个坚定的信念！

（2011年　五年级作品）

樱花源记

带着芳香的风儿缓缓吹过，沾着露水的花儿徐徐飘落，还有那清凉的溪水载着洁白的花瓣淌向远方……这就是四月的太子湾——花瓣与流水的世界。

在那儿，种植着遮天蔽日的樱花。那花不是粉便是白，远远望去，仿佛一树绵延的云霞。但一走近，便看清了：那一个个半透明的花瓣，小巧玲珑，就像玉石雕成的杰作。它们紧紧挨在一起，组成一朵朵散发着芳香的鲜花，在那花蕊中，伸出几根"龙须"，上面似乎还有晶莹剔透的花蜜。

春风吹来，花瓣们便旋转着落下，仿佛在下一场花雨，人在其中，眼前只有一片粉，一片白，好似身处仙境。跟随着花瓣一起飘散开的还有让人陶醉的清香。那香味，仿佛把人紧紧包裹了起来，不让人逃离。

有时花落进水中，小溪便带着它们奔流，偶尔路过一座桥，站在桥的一边守着，让你觉得桥下有眼樱花泉在涌出。

看着这番景象，我不禁想起陶渊明的《桃花源记》，只是此处我得把桃花改成樱花罢了。

赋小诗一首：

落英缤纷

粉色的云霞遮盖了天空

白色的珍珠落入了草丛

白色，粉色，从树上飘下

在空中飞旋

编织成了一曲无人谱写的交响圆舞曲

一片片半透明的花瓣，组成一个个花环

一丝丝令人陶醉的芳香，攒成了一缕缕微风

霎时

色彩，迷茫了天际

芳香，充溢了空气

而树丫间，却是一片粉白迷蒙

百花旋转

落英缤纷

（2011年　四年级作品）

桐庐游记

瞧我那"时尚"的裙子

今天下午，爸爸还在上班，我和来吉哥哥在家里玩。妈妈说："傍晚的时候我们出发去桐庐旅游！"我和哥哥高兴得一蹦三尺高！

出发喽！我们拎着一包包生活用品坐上了车。车慢慢地开上了高速公路。这时妈妈让我们看看天空半黑半亮的感觉，但我们俩小孩很快就玩起了"打汽车"的游戏。

车开到了富春江边，富春江真美啊！可开过了富春江就有了一种神秘感，因为那时天已很黑了，到处是黑漆漆的一片，只能隐隐约约看到大山的轮廓，就像随时会冲出来的一只野猪似的。到了白云源景区门口的一个小村里，我们找了一家农家乐便倒头就睡。

第二天早上，我们一大早就去了白云源景区，景区里石头又大又多，很像以前去过的"火山大石谷"，可是比"火山大石谷"的水更多，在小溪里玩水的时候，我脚底一滑摔到了，裤子湿了，爸爸就用衣服给我做了一条"时尚"的裙子……

回来之后，爸爸说："回去睡个午觉，下午去严子陵钓台！"这下，我那一向喜欢钓鱼的哥哥高兴得不得了。下午赴严子陵钓台，我们选择了坐快艇前往，快艇一会儿往左歪，一会儿往右斜，很快就到了。我们跟着一个旅游团听讲解，哥哥听了讲解才知道钓台是一座山峰，只是这座山峰很像严子陵当年隐居时的钓台。哥哥顿时一番失望。

接下来，我们去了垂云通天河洞、草莓园，回家后我们还亲手做了草莓酱呢！

人说"桂林山水甲天下"，如今，我却觉得"桐庐山水胜桂林"！

（2009年　二年级作品）

鸬鸟蜜梨

"**啪**"的一声，我打开冰箱，冰箱里装满了刚从山沟沟鸬鸟镇采回来的蜜梨。

那梨的外形并不好看，是土黄色的，十分粗糙，还能隐隐约约地看到密密麻麻的小斑点，活像年迈老汉脸上的老年斑。

随着"刷刷"的削皮声，里面那又白又嫩白玉般的肉露了出来。一股沁人心脾的香气小精灵般调皮地钻入鼻孔，顿时觉得整个人清爽了许多。

轻轻地咬上一口，那味道冰凉冰凉的，从口中一直凉到胃里，凉到心里，而且还甜而不腻，吃一口让人唇齿留香。

梨快吃完时，你也许会咬到又酸又涩的果核。果核的形状和蝴蝶结十分相似。核是空心的，掰开它，可以看见核里面是褐色的，还有一粒粒上小下大的黑色籽儿。

我爱美丽的鸬鸟镇，但我更爱鸬鸟的蜜梨。

（2007年　一年级作品）

苗岭晨曦

苗岭的早晨，薄雾像一块轻纱一样笼罩着山岭，一阵晨风吹过，晶莹剔透的露珠在草叶上轻轻滚动，远远望去，像散落在草丛中的珍珠。有的还像滑滑梯一样滚入泥土，滋润着苗家大地。

第一缕曙光照在一只百灵鸟身上，它睁开惺忪的睡眼，用玉石般的尖嘴梳理着绸缎般的羽毛，清了清嗓子，开始一天的第一声啼叫。接着，越来越多的鸟儿加入了合唱，然后它们一起抖了抖翅膀，开始了飞行：滑翔、低飞、俯冲、盘旋……

吊脚楼的门打开了，男人们拿着锄头，去田里劳作。妇女们拎着衣服去小溪边洗衣，而放牛娃牵着牛，去草地上放牧。赶鸭人把鸭赶下了河，小鸭们一个个大屁股朝天在觅食。男人们下了地，用力地把锄头一次一次凿进土里，牛甩着尾巴悠闲地吃着草，还不时朝天哞哞叫几声，远处时不时传来棒槌打衣的声音和牧童悠扬的笛声。

当太阳跃上高高的山岗，把金光洒满苗寨的每一个角落，一些留在家里的阿妈们做起了早饭，袅袅炊烟升上了天空，仿佛是母亲的手在召唤劳动的人们回家吃早饭呢！

这就是苗岭热闹的早晨。

（2008年　二年级作品）

做一回苗岭小姑娘

悬崖上的美景

西海大峡谷栈道

唉，可真累呀！干什么事会这么累呢？告诉你吧，我正在爬黄山呢。这不，我正站在黄山最有名的山峰"光明顶"上呢。

昨天我们先坐缆车到白鹅岭，缆车下是万丈深渊。远远望去，只有一条蜿蜒的小路。我从缆车中看到始信峰上还有一个"雪人"呢！

翻过白鹅岭，不一会儿就进入了西海大峡谷。我往栏杆下一看，下面是悬崖峭壁，一眼望不到底，还有隐隐约约的云层。走过了一段让人心惊胆战的"鬼门关"，我们来到了整个"西海大峡谷"最美的地方——栈道。栈道是直接搭在悬崖上的，走上去会发出空洞的声音，我真怕这栈道会塌下去。向远处看去还有云海，现在可是中午哦！爸爸让我扶着栏杆拍照我都不敢呢。又走了一段路，我们到了步仙桥，步仙桥居然是架在两个悬崖中间的，往下望去，悬崖上有一枝杜鹃花迎风招展，别有一番韵味。

到了山顶的宾馆，我们一下都垮了，脚酸得不得了。没有脸盆，爸爸找了个空花盆接了热水给我泡脚，真舒服！

第二天早上四点，大家都起床了，一起上光明顶看日出，我们都穿了棉袄，可冷了！这一天我们下山去爬天都峰，用尽全力我们终于爬上了有名的"鲫鱼背"，那鲫鱼背只有窄窄的一条路，两边都是岩石"滑滑梯"，我的头都似乎要碰到天上雷雨前的滚滚乌云了！又穿过一个石洞，耶！我终于站在1888米的天都绝顶啦！

（2008年　二年级作品）

漫步大佛寺

寺院里香烛缭绕，木鱼声在耳畔回响。庚寅年正月初五，我们一家来到新昌大佛寺景区。

西林石窟前，瀑布飞流直下。沿石阶往上走，隐约看见黑暗的石窟里有点点烛光，那洞窟里就沉睡着亚洲第一卧佛。旁边，莲花烛星星点点地亮着，就像给大佛披上了一层如梦似雾的"满天星"毯子。

站在石窟前，我朝远处眺望，对面的山头上有一个弥勒佛的塑像，那座山的山洞，就是五百罗汉洞。踏入洞内，迎面而见一尊慈眉善目、身披秀带、手托净瓶、脚踏莲花的观音像。她身后，就是那五百尊罗汉像。那些罗汉有的脚有一丈长，有的右手长到天花板，手里抓着一只鹞鹰。

最后，我们来到了大名鼎鼎的大佛前。那尊大佛全身金光闪闪，左有如意钟，右有平安鼓，实在是雄伟庄严。大佛整体高度38米，耳朵长2.8米，仅耳朵就比篮球运动员姚明还高呢！大佛两手盘着的地方甚至能放下一张大号八仙桌。据说这是由南朝三代高僧历经三十多年，经过千辛万苦雕琢而成的，妈妈说南朝时，中国大地寺庙特别兴盛，不禁让我想起了"南朝四百八十寺，多少楼台烟雨中"。

沉沉的钟声在耳边回响，老师傅的教导从寺院深处传来……

（2009年　三年级作品）

快乐的上海之行

"叮叮叮，叮叮叮"我被闹钟惊醒了。今天，我们一家要去上海。清晨，我和爸爸、妈妈一阵手忙脚乱地洗了脸刷了牙，就拿了面包直奔火车站。

不一会儿，车到了上海，我们就飞奔海洋水族馆。那儿有凶狠的鲨鱼，美丽的金龙鱼，罕见的中华鲟……那儿还有一种叫"玻璃猫"的鱼，它全身都是透明的，就连内脏、鱼刺也清晰可见。

最奇怪的要数"花园鳗"了，它分布于太平洋西部水域，是群栖类动物，栖息于有斜坡的沙质海底。"花园鳗"体型细长，能用一种液体把身体变硬，然后用尾巴在沙地打个洞，将身体大部分埋入沙中，只露出上半身随海流晃动，就像花园里的草儿随风摇摆，因此得名"花园鳗"。

对了，还有那长达155米长的海底隧道呢！在那里，我仿佛置身于"海底两万里"。前边的小苏眉鱼眼睛滴溜溜地转着，长有三层锋利牙齿的大白鲨从头上游过，大海龟在身旁懒洋洋地打盹，一回头却瞥见岩洞里巨大的"裸胸鳝"正在盯着你，盯得你浑身打战。

下午我们去了豫园，著名的"南翔包子店"前已排起了长龙，爸爸也在其中。过了一个多小时，爸爸托着两笼大名鼎鼎的南翔小笼包挤了出来。那包子皮薄馅多，咬一口，微烫的汤汁流出，让人唇齿留香。

别急，我们的上海之旅还没结束呢！我们又去了举国闻名的上海科技馆，那里的蜘蛛展会让你毛骨悚然，那里的微观世界小到让你大跌眼镜，那里的蝙蝠洞逼真得让你大声尖叫。我觉得"生物万象"最有趣，那里面满是各种各样的标本，植物、山洞、小河、吊桥……还有热带植物、石林、沙漠、木屋等，别看小木屋很古朴，可里面却多的是高科技因素呢！

晚上，我恋恋不舍地坐上了火车，车开动了，那一片繁华的灯光渐渐消失在了我们一家的视线里。

（2009年　三年级作品）

云中大漈

裂缝的瓷砖同样能够承载这里的爱国之情，也滞碍不了这个乡村小学与世界交流的步伐。

—— 题记

年一度的暑假我总是放不够，因为它总能使我身心放松，见识大长！今年暑假，爸爸妈妈自驾带着我们几位小朋友前往浙南山区，从杭州出发，一路走过金华、丽水、缙云、景宁等地。

在景宁畲族自治县的大漈乡，我们领略了"云中大漈"的梦幻缥缈，更被大漈乡中心小学的古老朴素所深深震撼。

一走进年久失修的校门，首先映入眼帘的是一幅瓷砖拼成的中国地图与世界地图。接着，就是一块块粗糙黑板上生动的墙报。

简陋的木质门就像一位饱经沧桑的老人无力地倚靠在门框上，而早已生了锈的铁锁也证明了这所学校的阅历。

到了操场，我才发现，在不远处就是著名景点"柳杉王"。可这操场和它一点也不配，地是一块硬邦邦的水泥地，只有篮球架像两个骄傲的士兵，一声不吭地忍受着岁月的磨蚀。

令我难以忘怀的是大漈乡中心小学的洁净、清静。因为是假期，校园里空无一人，但那整齐的课桌椅，那精美的黑板报，似乎让我看到了我的同龄朋友们那份静心与用心！上了二楼，我一眼就看见了六年级哥哥姐姐的刻苦，因为那教室门口的黑板俨然已成了"名次排行榜"。

出大门时，我们再次看到瓷砖拼成的中国地图和世界地图。妈妈若有所思地对老爸说了一句深奥的话："看来，裂缝的瓷砖同样能够承载这里的爱国之情，也滞碍不了这个乡村小学与世界交流的步伐。"

（2009年　三年级作品）

妈妈说

女儿，不到10岁的你就已经是妈妈依赖的好朋友，爸爸做事的好伙伴，你大大的脑门里都是对自然万事的无限好奇，你小小的心灵里尽是无穷的温暖的阳光，你的心自有一个美丽新奇的大世界。宝贝，放手去探索快乐去追求尽情地去拥抱这个世界吧！真善美乐将永远紧随着你！

云中大漈柳杉王

小宠地盘

Xiao chong di pan

奇怪的龙虾

妈妈去菜场买菜，顺便带回来四只大龙虾给我玩。我和哥哥兴奋地把龙虾们放在桌子上，龙虾面对同伴立刻摆出迎战的架势，瞪着它们的小眼睛，舞着它们的大钳子，快速地往后退。

眼见着一直退到了"悬崖"——桌子边，"龙虾要掉下来了！"我喊道。还好爸爸眼明手快，一把按住了龙虾的尾巴。第二天，我一看龙虾少了一只，我和哥哥四下里找都没发现。这时听到阿姨说下水道堵住了，心里忽然明白了八九分，我猜测："龙虾跑到下水道里去了吧！"阿姨找来一根细竹棍伸进去想把龙虾掏出来，龙虾居然乖乖地夹着木棍被"钓"出来了，大家想象十分难办的事情竟然不费吹灰之力就搞定了。龙虾真是一种傻头傻脑的奇怪动物。

（2007年　一年级作品）

小松果

夏天来了，太阳的脸红起来了，初夏的风吹在脸上痒酥酥地。

小白兔悠闲地在路上踱着方步，小松鼠弟弟急急忙忙地迎面跑来，似乎还有一阵风呼呼地跟着它。小白兔问小松鼠干什么去，小松鼠神秘兮兮地不告诉它，小白兔一再追问，小松鼠才说它要去森林里采松果。原来，小松鼠的爸爸明天过生日，小松鼠忙着跑去对面山上，准备采一些上好的松果，给松鼠爸爸一个惊喜。

第二天，当小松鼠把一堆香香的松果捧到松鼠爸爸的手里时，松鼠爸爸感动极了，忍不住抱起小松鼠亲了又亲！

（2007年　一年级作品　看图写作）

有趣的螺蛳

　　大早，我就发现阳台上有一大盆螺蛳，那是妈妈早早买回来养着准备炒着吃的。

　　那螺蛳壳是螺旋形的，上小下大，呈棕褐色，顶上微微有点泛青，老螺蛳壳上长满了青苔，不细看，还以为是一粒小石子儿放在水中呢！

　　螺蛳的肉是灰色的，上面布满了深色的斑点。软软的肉上还长了一对针尖似的触角，触角上有两个小黑点，那可是它们的眼睛呢。

　　有的螺蛳十分狡猾，总爱吸附在同伴背上"搭便车"，"搭便车"的人多了，就成了"叠罗汉"，这时你一碰它，它们就会像散架一样倒下。

　　它们还爱比赛"攀岩"，虽然爬得慢，但经常你追我赶地爬到容器的顶上。

　　螺蛳可是一个十足的慢性子，有时，要好半天才爬一厘米，可我手一碰它，它就一下把肉缩回壳里去。大约过半个小时，它的触角才小心翼翼地伸出去打探，确定没有危险了，才慢慢推开螺蛳盖，探出身子。

　　晚上，爸爸把一盘色香味俱全的螺蛳端上桌，那股诱人的香味直往我的鼻孔里钻，我迫不及待地用筷子剔开螺蛳盖，接着用筷子顶了顶螺蛳肉，再啜着嘴用劲一吸，"哧溜"一声，肉被吸出来了，那肉咬起来十分有劲，美味极了。

　　螺蛳真是又有趣又美味！

（2008年　二年级作品）

遭遇隐翅虫

7月24日，我和妈妈随着旅行社一起去桂林了。到了飞机上，空姐阿姨讲了一遍安全装备的使用方法，飞机就起飞了，刚开始，我有点紧张，可后来我就不怕了。

第一天我们去了伏波山。第二天我们去游览"百里画廊"漓江。第三天我们去了芦笛岩，岩洞真好玩，有个叫"瓜果丰收"的景点，里面有栩栩如生的玉米、西瓜、花菜、藕……最后是"雄狮送客"。出洞以后，我觉得脖子很疼，我给妈妈看了后，妈妈说可能是石头擦的，但又担心是蝙蝠咬的……第四天，我们去了象鼻山，象鼻山附近还有鸬鹚鸟呢，我还和少数民族的大姐姐合影了。

可是我的伤口起泡了，回到杭州以后，我到医院经医生治疗才好。爸妈在网络上查，网上说是隐翅虫，它的体液是酸性的，碰到谁就会给谁造成危害和痛苦。

大自然真奇妙！

（2008年　二年级作品）

探望金鱼之家

上作文课啦！我一走进教室，就发现讲台上放着一个晶莹剔透的鱼缸，它是扁圆形的，缸口还"镶"着一圈花边，可精致了，这就是金鱼们的家。

鱼缸里有三条金鱼，一条乌黑，一条雪白，还有一条橘黄。黑色的鱼就像一位穿了燕尾服的新郎，眼睛鼓鼓的，像两个小灯泡，而白色的金鱼则像穿了一袭飘逸的婚纱，她的头上还有一块红斑，就像顶着一朵盛开的红牡丹。橘黄色的呢？就像一团在熊熊燃烧的火焰，特别是尾鳍，金黄中透着点绿，还镶着一条白边，估计是来参加黑鱼和白鱼婚礼的吧。

它们游动时，嘴一开一合，似乎在唱歌呢！轻轻摆动的尾鳍，从远处看就像三片轻纱飘在水中。而鱼缸中的绿萝，长着苍翠欲滴的心形叶片、又细又长的茎、褐色的根须，还有那深绿色有点泛白的根，似乎把水都染成绿色的啦。

那铺满缸底的光滑圆润的鹅卵石也许是那些小金鱼的床吧，而那绿萝，也许正是它们温暖的房子，好可以帮它们遮住太阳吧。

（2009年　三年级作品）

树上精灵

嘿，再来一颗糖果！

"**哇**，小松鼠耶！" "不知道它吃不吃糖。"今天，爸妈带我到苏堤上玩，我和爸爸正指着小松鼠手舞足蹈呢！

我们走到一棵大树下拍照，突然，树叶跳起了舞，一个"小精灵"从树上蹿了下来，我定睛一看，原来是只可爱的小松鼠呀！我又想，小松鼠哪儿来的呢？会不会是人工放养的呢……

一阵喧闹声打断了我的思路，原来别的游客也发现了几只小松鼠，那几只小松鼠刚开始还胆怯地躲在树叶里，可不一会儿就闹腾起来了，还爬到草地上主动供我们"观赏"呢！

这时，一个游客在草地上放了几颗糖果，小松鼠们一拥而上，很快把糖抢光了。我想小松鼠一定饿了，连忙又撒了一把瓜子，小松鼠们马上吃光了，而且很多连壳也吞下去了！

吃完了，小松鼠还在树上表演杂技呢！这时，有人喊道："小松鼠不见了！"不过它们很快就"现身"了，原来它躲到树上的路灯后面了。

这些小松鼠可真会跟人捉迷藏！

（2008年　二年级作品）

精灵鼠
小弟

小狗的微笑

夕阳西下，小区里的每个角落都留有太阳的余温，似乎每一片树叶都在微笑。这时，一支队伍朝我走来——一群小孩子正围着一只小狗嘻嘻哈哈呢！那只小狗大大的眼睛，小巧的身子，黑白相间的皮毛，可爱极了！一位阿姨从包里掏出一根香肠，小狗大口大口地吃了起来。过了一会儿，它大概吃饱了，就想走出人群。

一个小男孩不干了，他拼命挡住小狗，不让它出去，可小狗还是一个劲地往外钻，小男孩生气了，把小狗一脚踢了回去。小狗在地上打着滚，呜呜地叫着，眼里闪过一丝无辜，似乎在痛苦地呻吟。可小男孩不管这一切，还是把小狗抱过来，赶过去。

我看不下去了，就对他大声呵斥道："你不知道小狗会痛吗？"那个小男孩先是愣了一下，接着脸"唰"地红了。

小狗似乎明白了我的用意，冲着我摇头摆尾起来，闪着大眼睛，似乎在冲我微笑。

关爱不止在人与人之间，还在人与动物、植物、地球之间。

（2009年　三年级作品）

狗狗，乖

知了的烦恼

"知了——知了——"你可别嫌我吵，夏天里我也有烦恼。

知了能有什么烦恼？原来，今天早上几个男孩子鬼鬼祟祟地拿着一个网兜来到树下，其中一个小男孩拿着网兜悄悄地爬上树，一网就抓住了我的好多伙伴。

还有，这两天果树都快枯了，鸟儿们没果子吃，都拿我们当下饭菜了。树上也很少有露珠，再加上我们不敢到树下去，一下去就会被守在树下的人抓住，渴死了好多兄弟，别的兄弟也渴得嗓子冒烟。

还有那火辣辣的太阳，烤得我们的翅膀可难受了，树叶也似乎在滋滋冒烟。

我们便和青蛙们商量报仇的计划。正好青蛙们水塘里的水也快干了，而且还有人落井下石来抓它们，所以立马同意了。结果是：知了白天叫，青蛙晚上叫，烦人类。有些人的确被烦得不得了，可有些人却觉得很好听，这可怎么办？

"知了——知了——"

（2008年　二年级作品）

"作茧自缚"的蚕宝宝

"**我**就不信我不能把你揪下来！"我大声对一只爬出纸盒想"越狱"的蚕宝宝喊。那条蚕宝宝一次次地爬上去，我一次次地把它揪下来，它又倔强地爬上去。

蚕宝宝的头仰着，茫然无助地望着我，似乎想对我说什么。我心想：哼，你甭想逃离！正当我得意地看着蚕宝宝的时候，爸爸瞧见了，忙对我说："哎呀，你错怪蚕宝宝了，它是要结茧了！""啊！太好了，我的蚕宝宝要结茧啦！"我忙拿了一个小篮子，摆上几根桑树枝，作为蚕宝宝们的"结茧专用室"，接着把它小心翼翼放了进去。可它并没有急着吐丝，而是像没头苍蝇似的乱转，"你是不是看错了！"我对爸爸说，"它在找桑叶吃吧！""它这是在测量定位呢！你等着瞧。"爸爸胸有成竹地说。

过了一会儿，蚕宝宝似乎看上了一根树枝，慢慢地爬过去，它把头轻轻向后拉，那儿就有了一根线一样的丝。它又爬到离这条丝约两三厘米的地方，吐了另一根丝。我又急又气地说："蚕宝宝真笨，刚吐完一条丝就不要了。""这两条丝可是有大用处的！"爸爸又说。我将信将疑地看着，只见蚕宝宝在那两条丝之间又吐了两根丝。我恍然大悟：那两条丝是用来做大梁的！

过了很久，那儿终于有了一层薄薄的丝，晶莹剔透，里面蚕宝宝不停蠕动的身子隐约可见！我好想摸一摸，便伸出手去。妈妈瞧见了，呵斥我说："蚕宝宝结茧结得那么辛苦，你还忍心打扰它吗？"羞得我猛地把手缩了回来。

傍晚，蚕茧已经结了厚厚一层，只能望见蚕宝宝的剪影了，但还是看得出来它好像很痛苦的样子。原来就是经过这样的磨炼，蚕宝宝们才变成自由飞翔的蛾子的，这一次我可是亲眼见证了。

　　谢谢你，作茧自缚的蚕宝宝，马上就要结束这一段一到周末就跑郊外四处找桑叶，一放学后就冲回家喂养你的日子，可是你依然带给我那么多！

（2009年　三年级作品）

烙在心中的背影

那失神的双眼与孤独的背影，在爸爸带我去野生动物园后，深深地印在了我的脑海里。

已是夕阳西下，园中游人寥寥无几，走着走着，我与爸爸走到了猩猩馆前。

馆不大，只有两间。他正在小小的、冰冷的水泥"床"上睡觉。窗外的游客肆无忌惮地拍打着玻璃，他被吵醒了，但眼里并没有怒意，空洞的眼神穿过狭窄的玻璃房，越过游客的头顶，停留在远处枯黄的梧桐树干上。他已近乎于麻木。

一个小男孩锲而不舍地敲打着玻璃，惹得大猩猩终于有些生气了，狠力地扯咬着堆在床角的棉花被，片片碎棉似柳絮如雪花洒向空中。玻璃橱窗外的游客兴奋极了，闪光灯纷纷亮起。此时，大猩猩的眼神漫上了惊恐，漫上了无奈。他爬下地，背着手，佝偻着身子走向里间的小屋，孤独的背影消失在黑暗中……

时至今日，那佝偻着的背影还一直停留在我的脑海里：佝偻的、孤独的、无奈的，仿佛背着千斤的忧愁。

另一个窗前，一只黑猩猩在架子上发呆。游人同样不给她清净的机会，吵着闹着让她下来，游人们在玻璃橱窗外抓耳挠腮，抬腿踢脚，不停地做着各种奇怪的动作，期望着她能模仿。她扭转身子，将背对着游人，无精打采地蹲在地上抓起一把稻草把玩。

有那么一瞬间，我瞥见她眼神中闪过一丝鄙夷。临河照来的夕阳将她的背影拉得好长好长，那夕阳也刺痛了我的双眼。

我曾看见，那门口明明白白地写着"猩猩乐园"。可这，就是他们的乐园吗？不错，河对面是有一座小岛，上面有树、有花，可猩猩们去过吗？那从来就是一个摆设。

他们一定在梦中去过祖先的森林，在那里，有大树、有小河，有他们要的一切，更重要的是——有自由。可一旦他们被吵醒，触眼所及的却只是黑压压的人挤在玻璃墙外，做出各种怪欲膨胀的把戏，而小房间中，永远只有一个生锈的铁架，一张水泥台与无边的孤独。

那两个背影，仿佛炭笔粗粗勾勒在了我的脑海，深深地留着，留着，时常在我脑中闪现。

（2011年　五年级作品　考场作文）

灌木丛中的家

"**喵**喵——"从阳台传来了轻轻的猫叫，咦！我家可没有养猫呀，是不是哪只调皮的小野猫跑到阳台上了？我蹑手蹑脚地走了过去，生怕把它吓跑了。可我失望地发现，阳台上空荡荡的，而阳台外的灌木丛里，一只小猫正瞪着乌黑的眼睛望着我。突然，树丛里的树叶沙沙地响起，接着滚出几个小毛球，定睛一看，原来是三只扭成一团的小猫咪，而猫妈妈在不远处的树阴下悠然自得地望着它的宝贝儿。

我突然想起今天吃的是香喷喷的虾和红烧排骨，就忙去厨房拿来一些虾头和排骨放到了草地上，可是当我走过去的时候，小猫咪们全躲在了猫妈妈的背后。猫妈妈弓着背，眼睛睁得大大的，狠狠地瞪着我，仿佛在说："你再敢靠近我的宝贝，我就对你不客气"。看到猫妈妈这样，我扫兴极了：哼，你还真是"狗咬吕洞宾"。我气鼓鼓地端着碗往回走，又转念一想，猫妈妈是为了保护它的宝贝们才这样的，在我过马路时我的妈妈的神情和它好像呀！于是我忙放下碗躲在一棵树的后面，心里暗暗着急：宝贝，来吃。

许久，猫妈妈看到我不在，循着香味向碗走去，它先用鼻子嗅了嗅，接着伸出爪子从碗里捞出一个虾头尝了尝，转过头对着小猫"喵喵"叫了几声，小猫咪们马上过来围在妈妈的身边，看到它们丰盛的晚餐，兴奋极了，都同时把脸埋进了碗里。可是，其中一只小黄猫把另外的两只小猫赶到一边，独自霸占着碗。小白猫怯怯地靠近碗，看到小黄猫凶狠的目光，只好退到一边，眼巴巴地望着碗里，不时用头去拱一拱妈妈的身子。猫妈妈看到小白猫可怜的样子，就从碗里叼出一块骨头放到小白猫的面前，又用鼻子轻轻地碰碰它，仿佛在说："宝贝，吃吧！"……等到三只小猫全部心满意足地吃完去草地打滚的时候，猫妈妈才去吃碗里所剩无几的饭粒。

我一直蹲在旁边观察这猫儿一家的美餐，简直不敢相信自己的眼睛：小猫的调皮，就像我们，而猫妈妈的母爱，真是一点儿不比咱们人类的妈妈少呢！

（2011年　五年级作品）

特殊的客人

不知从什么时候开始，吃晚饭时的我，都要在餐桌上特意留下一些香喷喷的鱼或虾在一边，这是怎么回事呢？

有一天，我写完作业，准备到阳台去画画。一到阳台，忽然感觉到身后有亮亮的东西一闪，我扭头发现一只小猫咪正趴在阳台上瞪着我。只见它黄宝石般的眼睛在黑暗中显得特别亮，它身体是黑白相间的，尾巴是黑色的，左后腿也是黑色的。正巧今天晚饭妈妈安排吃鱼，我便连忙跑到厨房拿来吃剩的鱼喂小猫咪吃，小猫乐得喵喵叫。后来，我就回屋洗澡去了。

没想到有趣的故事还没有结束，第二天，我一起床，妈妈就迫不及待地告诉我说，昨晚猫咪在我们家阳台住了一夜。更没想到的是：后来，这只猫咪经常在我们吃过晚饭后就钻进我家阳台做客，这只善解人意的猫咪似乎看准了我们一家是绝对的"动物保护主义之家"——在我那童心未泯的妈妈带领之下。

于是，猫儿索性就把我们家当成了它的旅店，成了我们家一位特殊的客人！

（2009年 三年级作品）

小猫的年夜饭

俺们一起来吃年夜饭喽！

昨天晚上，老爸烧了一碟油爆大虾，可也许是下班后做菜太匆忙，烧得没有入味，但它还是给我带来了极大的快乐，原因是什么呢？

今天，吃早饭时，我和妈妈竟然异口同声地说："我们用大虾去喂小猫咪吧！"说干就干，吃完早饭我和妈妈就带着大虾走向猫咪的餐馆——小区内掩映在树丛中的的一个亭子。

我们走到那里时，看到"餐馆"里有许多猫聚集在那里，跟往常一样。我先扔了一个大虾给一只带红项圈的小花猫，我叫它红脖子。红脖子咬啊咬，可怎么也咬不开。这时，一只小黄猫来了，只见它前腿一蹬，脖子一伸，"嗖"地一下就把红脖子的大虾给抢走了。我叹了口气，又拿一只大虾给红脖子，不过这次是剥好的，红脖子一下子就吃光了，还不时地舔着嘴唇，似乎意犹未尽。

可是，我得做个公平的护猫使者，就又把大虾分给其他的小猫。没想到红脖子还真够机灵的，忽见它纵身一跃，跳上椅子，津津有味地舔起了盘中最大的虾，每舔一下就看我一眼，似乎在央求着："怎么不给我剥呀？"我又连忙过去帮它剥开虾壳，红脖子一口气把大虾吃了个精光。

我和妈妈离开的时候，红脖子还跳到椅背上不停地喵喵叫着，像是在跟我们道别。

而我却应当感谢我的爸爸妈妈，他们总是支持我的想法和创意，比如这次的"小猫年夜饭"。

（2009年　三年级作品）

妈妈手记

说说 **猫咪那点事儿**

　　我家住一楼，曾经在一个春天，女儿发现一窝小猫生在我家南面阳台处，等到发现时已是母猫带着孩子们出来玩耍了。冬日的阳光下，我们一家三口在走廊的玻璃窗内吃着午餐，而猫们则在阳台前的花园内嬉戏玩耍。一家三口人则必定投出餐桌上碗盘里的蹄蹄皮、黑鱼头、牛排骨头之类。这样，我们一家在享受美餐的时候，猫儿母子们也在享受美餐，共同享受生命的美好！

　　这以后发现猫们经常光顾我家门前的小花园，女儿和我便坚持在下午五六点钟日落时分给它们喂食。有时放学下班进门晚一些，开了钥匙进家门，女儿就直奔阳台，猫们已经急得喵喵直叫。

　　这样过了些日子后，一个春日的阳光下，我和女儿穿过小区里面的帆布亭子，忽而感觉到一种无比亲近与温柔的气息，接着，我们听到了极温柔的猫叫，那么熟悉。仔细看时，发现都是我们喂养过的猫，原来小家伙们正在这儿晒太阳开着会，见我们过来，这是主动跟我们打招呼呢。

　　我们停步蹲了下来，在猫们对面。猫们便立马围拢过来，起先猫们有一刹那的失望，习惯性地以为我们又要喂东西给它们吃，但是马上又收起它们的失望，和女儿亲昵地玩耍了起来。

　　小区"流浪猫"，如此可爱的"野猫"们，喂养过你就难以割舍了，怎能让小女不心疼它们放得下它们呢！

我的小·鹦鹉

"叽叽，叽叽……""小宝、小月，别吵了。"

原来，我养了两只虎皮鹦鹉，它们有圆溜溜，亮晶晶的小眼睛，弯弯的小嘴，它们的羽毛黑黄相间，很像老虎的斑纹，所以人们叫它虎皮鹦鹉。它们的脚趾很尖，要是你被它们抓了，非疼得哭起来不可。

每天中午，小鹦鹉吃好自己的"午餐"就会跳到喝水的盆子里"洗澡"。有时候洗好澡还会美美地睡上一觉呢！

有一次，天气很热，我给小鹦鹉的澡盆放了几块冰。没想到小家伙居然一边洗澡一边细细品尝起冰块来，难道它也跟咱们小孩一样馋冰激凌吃？哈哈！

（2007年 一年级作品）

家有狗狗的滋味

你有没有给我们带来好吃的东东来呢?

"汪——汪汪——"暑假里,我去外婆家度假,刚走到门前,就听见里面传来小狗的叫声,以前外婆家并没有养狗呀!我又仔细听听,似乎还有小狗的喘气声。我心里一阵激动——外婆真的养了小狗!我连忙推门进去,那时我还不知道,我家有狗狗的生活就此拉开帷幕。

原来,那是一只小小的京巴狗,长长的毛盖住四条短短的小腿,湿乎乎的鼻头和黑珍珠般的眼睛一样大。它才一个月不到,走起路来摇摇晃晃的,活像一个滚动的雪球,于是,它的名字就这么定了下来——雪球。

雪球有好几个小小的与众不同之处:它最大特点是很爱喝水,平均一个小时要喝一小碗,而且只需几口就喝得干干净净。令人大跌眼镜的是,雪球竟然是个素食主义者,每顿饭没有蔬菜是不行的,它的最爱是丝瓜,如果看到我们在吃丝瓜,便把肉推开,眼巴巴地望着我们嘴里的丝瓜,做出一副可怜状,直到我们将丝瓜从嘴里省给它才罢。雪球还十分有品位,不但爱吃巧克力,而且一定要原味的,最好是诸如"德芙"、"费列罗"等,如果是它不熟悉的牌子,它会尝上那么一口,就拱到一边去了。要求不低的雪球啊!

下午,外婆的院子里太阳最烈的时候,我在床上午睡,雪球便爬到我的肚子上,不依不饶挠我痒,痒得我只好同意把雪球塞进我的被窝里一起睡。吃棒冰的时候,我也会给它一小块棒棒冰,我坐在树阴下边吃边看书的时候,它便趴在我的脚上,"吧嗒吧嗒"地舔着棒棒冰,这时,我则喜欢把脚塞进它的肚子下,毛茸茸的,很舒服。

有时,外婆在井里打一桶清水准备洗衣服,雪球会趁外婆去取肥皂的时候,哧溜一下跃进水桶里,抢先洗上一个凉水澡,惹得我们一家人哈哈大笑,笑声在小院里漾开去,漾开去……

(2009年　三年级作品)

家有 小·仓鼠

我家养了两只可爱的小仓鼠，有一只仓鼠的眼睛大大的，耳朵却小小的跟米粒一样，它的毛是黑色的，中间夹杂一点灰色，油亮亮的，我给它取名叫"小宝"。另外一只长相跟它几乎一模一样，只是比小宝胖了点，我叫它"小胖"。

"小宝"和"小胖"喝水的时候，粉嫩粉嫩的小舌头一舔一舔的，可爱极了！别看它们喝水的时候还挺文静，可吃饭的时候就开始你争我夺了。一个嘴里塞满了，手里还拿着，真是"吃着碗里的看着锅里的"。另外一个则干脆把整个盘子全霸占了，真是"丑相百出"！

笼里的小仓鼠们每天晚上都要跑步健身，把我给它们准备的"跑步机"蹬得哗哗直响。有一次，小胖因为"鼠"高马大，竟把小宝撞了下去，我心里一阵紧张，小宝却只是无辜地看了它一眼，抖抖身上的灰尘睡觉去了。嗯，心胸还挺宽广的！

前阵子小仓鼠们天天很早就开始跑步，可这两天越来越晚了，有时甚至不跑了，这是为什么呢？爸爸说那是天冷了的缘故。

小宝和小胖真是一对活宝！

（2009年 三年级作品）

乖乖吃，在想什么呢？

仓鼠地盘

我们搬过几次家，但不管到哪里，阳台上永远是小仓鼠的地盘。

"小仓鼠寿命约两至三年，你必须有陪它们一生的心理准备。"在妈妈满腹担忧的关照之下，我开始了与仓鼠的陪伴之旅。

阳光，透过扇形的银杏叶，照在阳台上。柜子上的坚果、跑轮、香蕉片儿，表明了这是一个仓鼠的地盘。

放在墙边的大箱子，总是半明半暗，毛茸茸的灰色小球，便在中间晒着太阳。窗外，一只白雀扑棱了一下翅膀，那"小球儿"一惊，猛地弹起，露出粉色的胖肚皮和在粉沙上踩得脏脏的小脚丫。

给它放进一盖子果仁，它的小豆眼就眨巴着看过来了，接着，助跑、百米冲刺，一跃跳上老爸给它准备的原木隧道，一头扎进乌黑的大理石盆子里，只留下沙上的一路小脚印，一路深秋的阳光。

而它小小的嘴巴，像吸尘器一般，一阵扫荡过后，原本被暖暖的古铜色苏子坚果遮盖的盘底，又露出发亮的黑。只是凉凉的盆壁，似乎已被小仓的绒毛捂热。是它那光洁的绒毛中，躲进了暖阳吧！

一转眼，它又扭着小屁股拱开木屑，钻进了橘子形的小窝，只听见一阵"噼里啪啦"，它鼓鼓的腮帮子渐渐缩小，原来，橘子小窝已成了它的储藏室。

到了晚上，这小球儿才能让人相信，它坚持不懈地储藏并陆续"消灭"的坚果绝不是白吃的，这个小肉团一钻进跑轮，就成了高速飞奔的鼠中刘翔，让人不禁为跑轮担忧：不会散架了吧？

　　已经记不清，有多少个夜晚，我就是听着这跑轮的哗哗声安然入眠的。

　　这小小的毛绒球，温暖了我，温暖了阳台，温暖了世上的这一个小小的角落。

　　　　　　　　　　　　　　　　　　　　　　（2010年　四年级作品）

嘿，手里有什么？

两个小·"圆球"

如果你走进我房间，就会看见床上放着一个小"绒球"，走近了你才能知道，那是一只可爱的玩具仓鼠。

因为它实在太胖了，所以你根本分不清哪儿是它的头，哪儿是它的身子。它有两只半圆形的小耳朵，就像两个弯弯的小月亮，可是它的耳朵经常被我那童心未泯的老爸揪着甩来甩去，实在是有点可怜。它有一条兔子一样的短尾巴，如果你不仔细看看还真不容易发现呢，还有那又短又胖的四肢。我总是想，如果它会动，那走路的样子一定是摇摇摆摆的就像一只肥肥的大白鹅。它的背上覆盖一层鹅黄色的绒毛，肚皮则是晶莹透亮的，手触摸上去又细又滑，就像丝绸一般。冬天暖呼呼的，睡觉时把头枕在上面可暖和了。最最有趣的是它那双永远都呆呆的眼睛，永远像很无辜地在问候"你怎么啦？"你盯着它，看着，看着，准会"噗嗤"一声笑出来，把所有的烦恼抛到九霄云外。

有一次，我去超市，突然眼睛一亮，咦！这不是我的小仓鼠吗？怎么被人拿来卖啦？仔细再看，原来是一只几乎和家里一模一样的仓鼠，只是小了一圈！我连忙买回家，放到床上时，那只旧仓鼠的眼中似乎也闪出了光芒，因为，从那以后，它有了朋友，它再也不孤单了。

（2008年　二年级作品　考场作文）

妈妈手记

女儿的宠物

　　转眼间，女儿十岁了。印象中，从她刚学会走路、我们一家还住在拱宸桥附近时，她就每天要到社区的那家杂货店门口，认真地教鹦鹉说"你好"。四岁时，她就常抚着楼上小姐姐家的鱼缸执意不走。

　　六岁开始，女儿养过五次龙虾、四只乌龟、三羽鸽子、两对兔子，而她心中向往的，一直是一只狗狗。狗狗是唯一在宠物方面，我们目前无法以后也许亦很难满足她的一种宠物吧。女儿思之切，就常说自己是姜家小狗，连每次外出吃饭都百吃不厌地选择西溪路上的"农家大院"，因为那儿可以边吃饭边用大块的骨头喂桌底的小狗。

　　女儿在这些来来往往的小动物身上倾注了她几多小小的爱心，但毕竟年龄尚幼，心有余而力不足，这些小东西的结局都是病的病，死的死。而更多的，我会在这些精灵生命尚存的时候，将它们偷偷地放养到小区一个安全的地方。我受佛学影响较多，总觉得给微微苍生以不自由也是罪过，只要是普天之下的生灵。

　　现在，女儿的动物知识面比我广得多，今夏从澳洲回来，我给家中的小客人看农场的照片，我还没讲到刚学来的动物知识，诸如关于袋鼠只能前进不会后退；关于考拉不喝水，一天20多个小时睡觉等等的台词，都被女儿抢先说走了。"你什么时候知道的？"

　　"书上看的呗！"

　　"书上看的呗"，谦和低调的自己一直也注重女儿的谦和低调，却独独喜欢看女儿说这句话时一脸得意的神色。

　　吃饭不能出声双腿不能分蹲凡是要先考虑他人……对女儿各方面要求十分严格，独独在养宠物这件事上我总是心软。独门独户的独生子女寂寞啊！再说初衷也想通过养宠物来培养女儿的爱心和耐心。这不，今日去超市，女儿和她的表哥又软磨硬泡地央求我，要去超市后的花鸟市场买回一对小仓鼠，于是，就又有了我家小仓的出逃和女儿的作品《小仓的快乐回归》。

小·仓的快乐回归

"哎呀，真饿啊……咦，那里有一个果核！"我赶紧跑过去，使劲从垃圾箱揪出这个苹果核，津津有味地啃着剩下的果肉。"唉，终于吃上点食物了。"我瑟瑟发抖地缩在卫生间阴暗的角落里，望着窗外被风吹得翩翩起舞的碎纸屑，不禁回想起以前那安逸的时光。那些纸片曾经是善良的小主人用她可爱的小手一点点撕碎给我们取暖的。

前天早上，我无所事事地啃着手指，心中想着该找点什么乐子去。我懒懒地向笼子四周望了一眼，忽然一阵香味飘了过来勾起了我的食欲。我朝香味飘来的方向望去，只见餐桌上摆着一块洒满坚果与巧克力的奶油小蛋糕，那甜香味馋得我直流口水。我脑中不禁冒出个念头：何不尝尝那蛋糕？我绕着笼子转了几圈，试图找到一条通往美味的快乐之路，但不久，我就沮丧地发现——现实是那么的残酷。

智取不行，看来得用蛮力啦。天懂我意，小主人出去了，我便开始用锋利的门牙"攻击"拦住我去路的障碍。终于，"拦路虎"被我铲除。我刚想好好利用自己的成就溜出去，突然听到门钥匙转动的声音。"糟糕，小主人回来了。"我脑中顿时一片空白，一屁股跌坐在被我扒开的笼子边。万幸的是，小主人连鞋子也没脱，从鞋柜上拿起雨伞就转身匆匆而去。我心里悬起的石头马上落了地，我赶紧跑出笼子，闪身蹲到鞋柜底下。

我屏住呼吸，侦察许久，确定家中没有其他动静，便小心翼翼地爬上桌子，向着那块令我垂涎三尺的美味蛋糕扑了过去，狼吞虎咽地吃起了蛋糕，一块奶油还没有咽下喉咙，另一块巧克力又塞在嘴里了。

我砸巴着嘴巴，摸着圆溜溜的肚皮，觉得很惬意。心里估摸着其他地方一定更有趣。这不，我已经来到了一个堆满书本的房间，举目四望全是书，厚的、薄的、发黄的、发白的、硬皮的、软皮的——下次给我磨牙也许很合适。唯一使我眼前一亮的是桌上盘子里居然还有一个大桃子，可惜我的肚子已经撑得吃不下了。

我四处溜达了一圈，在暖洋洋的阳台角落里躺下来美美地睡了一觉。我醒来的时候，发现小主人正拿着手电在到处着急地找我，嘴里还不停嘀咕："这个狡猾的小仓鼠，要是被我找到的话，一定要好好教训它一番。""嘻嘻，你找不到我滴。"我躲在角落里暗暗发笑。

充分享受自由自在而又快乐的时间过得特别快。现在，我的肚子开始"咕咕"唱起了空城计来。没问题！我蹑手蹑脚地爬了出去，来到那个堆满书本的房间，想吃那个诱人的大桃子。可是桃子已经不翼而飞！我沮丧地来到小主人储藏食物的地方，可是没有找到一点食物的残迹。

心灰意懒间，我竟然跑进了湿漉漉的卫生间，又竟然发现这里的垃圾桶里有个巨大的苹果核，上面还有不少的果肉。我便急忙跑过去啃那果核……可我还是好饿啊，谁知道后面会发生什么样的事情呢，我的心坠入了无底深渊。唉，家才是最温暖的地方啊。

还是回去吧！我匆匆忙忙地朝着笼子跑去，一只脚刚要爬进笼子的时候，眼前又浮现出小主人气急败坏的话语，我不禁胆怯了，又犹豫着跑回角落躲了起来。可是家的诱惑实在太大了，我好想回家啊！正在这时，小主人朝这边走来，我从角落里往外挪了挪，又故意发出一些声响。"咦，小仓鼠在这里耶！"小主人激动地向我跑来，我也欢快地向她奔去，小主人大约以为我又要窜逃，就尖叫着让她老爸一起抓我。其实，他们哪里知道，这时回到笼子正是我的迫切愿望啊！

几分钟后，我已吃饱喝足，在温暖的家里进入了甜蜜的梦乡。

（2010年　四年级作品）

旋转木马

Xun zhuan mu ma

绿色的阶梯

天，湛蓝湛蓝的，没有一丝杂质，远处山的剪影，在湛蓝的天空下静立。山边虽蒙着一层薄雾，但那黛色依旧是那么纯。低头看地面，是一片绿的海洋，一丛丛茶树遍布山间，墨绿、深绿、浅绿……只有绿，却不显得单调。

茶田中，有一个凸起的山包，上面翠绿的茶树盖住了红壤。这时，倘若你迎着太阳望向坡顶，坡顶仿佛与天空相接，在绿色的平原间，显得那样神圣。

步入茶田，用手指拈住茶芽，轻轻一提，一股清香沁入肺腑，也弥散在空气中。四周茶农们个个戴着斗笠，把一簇簇嫩芽放入手工编织的竹篓里，有的还欢快地哼着民歌小调，你的耳边就似乎响起《采茶舞曲》那熟悉的旋律。茶篓快满时，忽儿一抬头，发现自己已在茶田深处，突然觉得自己是多么渺小，真正感受到什么是"沧海一粟"了。

走到茶坡下抬头望，茶坡仿佛通向"腾格里"的绿色阶梯。内心却又生出一种敬畏感，不敢轻易前行，害怕山坡的后面，是另一个世界。

转到茶坡的一侧，却发现坡上有一个木屋，门是虚掩的，在等待人们去推开吗？风，悄悄地钻进门缝，去探访屋内那一份独特的洒脱飘逸。阳光，却无法进入，因为窗子紧闭。

小木屋后是一棵大树，它也许是因为生长在祭坛般的山坡上而吸收了天地灵气吧，已长成了千年古木，绿的树冠高高地笼罩在小屋上，让黄色的原木多了几分绿意。高高的坡顶，只有他俩互相陪伴，使人莫名地有一种想流泪的感觉。

夜，又来临了，那通往"腾格里"的绿色阶梯，依然在暮色中静默着。

（2011年　四年级作品　课堂习作）

惊魂之夜

十五辆大巴车鱼贯而出，开出了余杭学农基地长乐林场，我趴在车后座靠背上，望着渐行渐远的大门，两天里的趣事在我的眼前回放，尤其是给我童年蒙上了"阴影"的那一个"惊魂夜"。

"快看，这里有字耶！""哈哈，我的床头也有！"在农场住宿的第一个晚上，同学们兴奋得到处搜索"先人"留下的墨宝："少年军校阳光灿烂，走进里面破破烂烂……"突然，哨子声响起，熄灯了。我们盖上毯子准备睡觉，四周黑漆漆一片，听窗外莫名的"沙沙"声传来，使我想起睡前看的电影：河岸边一个像坟墓的小土包，还有若隐若现的香火……我用双手紧紧拉住毯子，蒙在头上，眼睛从缝里往外瞧，隔壁厕所的阵阵冲水声就像有人踏着枯叶在森林中夜行。

"吱呀吱呀"，床板晃动的声音把我吵醒了。我不禁打了个冷战，低头看，薄毛巾毯还在身上，可我却感觉不到它的分量与温暖。窗帘不知什么时候拉开了一条细缝，一束苍白的月光照在对床同学的脑壳上，闪耀着蛋壳般的光泽。窗外还颇合时宜地传来猫头鹰"磔磔"的笑声，我终于忍不住转身向下铺看去，没想到下铺的同学也正瞪着铜铃般的眼睛望着我呢。

"几点了？"铭铭自告奋勇地去卫生间看钟，不一会儿就蹑手蹑脚地回来报告："北京时间6点22分！"终于到规定的起床时间啦！看来，漫长的"惊魂夜"已快随着暗夜消逝了，我们都长长地吁了一口气，开始兴奋起来，猜测今天的活动安排。

门外突然传来了一阵急促的敲门声。"老师来了——"随着一声尖叫，宿舍里马上像龙卷风刮过，先是一声哄响，然后就是寂静，还是寂静。接着当然是教导主任的"训导"："你们吵什么吵！还有一个小时就熬不住了……"原来，铭铭慌忙间看错了一小时的时间。

"当！当！"车子摇晃了一下，我从回忆中回到现实。后面，红色的大门早已不知去向。

（2011年　四年级作品）

妈妈说

浙大附小每年组织一批孩子去农场学农。终于到四年级了，可以去余杭长乐农场夜营啦，女儿兴奋了好一阵子。《绿色的阶梯》和《惊魂之夜》就是她学农结束带回的两篇"杰作"，截然不同的风格，孩子们的小脑瓜呀……

校园里的跳蚤市场

"**好**看，好玩的尽在这里，快来看看吧！""精彩不容错过呀！快来吧！""过了这个村，就没那个店啦！" 一阵阵叫卖声此起彼伏，可热闹啦！

咦，这是怎么了？原来是我们学校在举行"六一贸易节"呢！就是同学们都把自己多余的物品拿到校园跳蚤市场进行交易。

看，这边一个小女孩真是开门大吉，她一摆好东西，就有一大群顾客围着她看海报了。她忙开始介绍："这个钟的声音可好听了，买一个吧！""想买这支笔啊！只要五毛钱。"……

瞧！那边两个小男孩正在讨价还价，一个说："这支笔颜色都快要褪没了，五毛钱给我吧。""不行，这是我爸爸从国外带回来的，一定要一块钱！"摊主说。

不过，最热闹的当然是我的摊位啦！早已经被同学里三层外三层围得水泄不通，有的要买笔，有的要买书……我一边拿东西，一边和他们谈价格，忙得不亦乐乎。我等顾客们走了，才坐下来喝口水，休息一会儿。这时，一个小男孩走过来，小心翼翼地问："姐姐，这些蚕茧真漂亮，是你自己养的蚕结的茧吧？""是呀！要不要买一个呀？两个才一块五。"我答道。他在口袋里摸了很久才羞涩说："可是……可是我只有一块钱。"我笑着说："没关系，一块钱给你吧，小朋友。" 他高高兴兴地付了钱，拿着蚕茧蹦蹦跳跳地走了，看着他高兴的样子，我似乎也被他的快乐感染啦。

我正准备歇一下，一个大姐姐来了，对着我的宝石花端详了很久，向我问道："这盆花多少钱？""只要五块钱。"我用急切的眼光望着她，她似乎

看穿了我的心思，挑剔道："你看看，这片叶子都枯了，三块钱给我算了！"
"这是花纹，再说我的最低价只能是三块五！"她做出要走的样子，我忙拉住
她，做出一副不情愿的样子说："那就三块钱给你吧。"她把三块钱放在我的
手里，捧走了那盆花。我盯着手里的三枚硬币，心里很不是滋味，不过，这三
块钱毕竟是我的劳动成果之一。

校园里，依然时不时地传出一阵阵欢笑声……

（2011年　四年级作品）

开张前准备

阳光下的三跳

十一月的杭州，全没有秋的萧瑟，只有蓝天白日，树叶筛下斑斑点点金色的阳光。而学校举行的三跳比赛，也给十一月的校园增添了欢声笑语。

"三跳"是指单跳、花跳和长绳，但学校开展的项目却多得让人兴奋不已，在"规定动作"之外，还增加了毽子的单踢、双踢、双飞……

上场的运动员轮换着，老师轮换着，唯一不变的是那阳光般灿烂的笑容和飞舞的跳绳，起落的毽子。

再完美的比赛也有突发情况，可同学们用自己的机灵化解了"危机"：毽子散了，立刻从人群中飞出一个毽子，落在运动员的脚边，彩色的羽毛在阳光下更为夺目了；绳子忘带了，立即有几十条绳子送到运动员手中，堆也堆不下，此时的跳绳反射缕缕阳光，也熠熠生辉。

又一场比赛要开始了，可裁判却发现，有一个班男子团体赛的人员数竟然没有报全。比赛已经开始了，正在发愁的班主任突然看见队伍里举起了一片小手，那手上仿佛写着：让我去吧，我行！阳光立刻跑回到老师的脸上。

轮到长绳比赛时，我紧张地跟着队伍来到赛场。老师们站在一边，眼中，是对我们的期望。正当裁判老师喊了"开始"时，我们看到一二年级时的老师竟也跑了过来，站定，眼中也是一样的期待，只是更多了一份自豪。甩绳的同学不约而同地加快了节奏，我们也加快了跃动的步伐……"停！"三分钟过去了，我们的努力也有了成果。超常发挥！我们笑了，沐浴在最美的阳光下。

校园，在阳光里"三跳"，在阳光下，冬日暖阳，无处不在。

（2009年　三年级作品　课堂习作）

钱塘江底三分钟

"轰，轰轰……"随着汽车的轻微颠簸，我们进入了横贯钱塘江的隧道——庆春隧道。

2010年12月，杭州庆春路过江隧道正式通车了。今天，从萧山外婆家回来，我建议爸爸从庆春隧道过，完成我作为《青年时报》新"小牛通"的第一份体验稿件。

穿过庆春隧道的感觉，虽然没有想象中的壮观，只有短短的三分钟，但在这三分钟里，我体会到了人们对生命的重视。

在这三分钟里，我看到了无数个逃生通道，爸爸告诉我：打开逃生通道的门，滑下可容纳三四个人的滑梯，再跑上隧道口的楼梯，就是钱江大厦的后门，这样便可以逃离危险。

在这三分钟里，我的头顶掠过几十个提示牌，有的写"请勿酒后驾车"，有的写"请勿随意变道"、"请勿超速"……而墙上每隔几十米左右，都有一个摄像头，可以把违章车辆拍下，事后给予一定的处罚。

在这三分钟里，我一直可以清楚地看到四周，因为隧道的天花板、墙、地面上都布置有高科技含量的灯光，灯光模拟日光，能让司机清楚地看清路面，也不会因刺眼而分散司机的注意力。

在这三分钟里，我们从萧山机场的外婆家回来，节省了近三十分钟时间，能让外婆给我们做的"爱心菜"在我们回到城西的小家时，还是温的；能让爸爸在午休的时间也能给外婆送去日用品；能让外婆来杭州时不用在人声嘈杂的车站一等就是大半个小时。

这横贯钱塘江的庆春隧道，拉近了时间与空间的距离，也就是在这钱塘江底的短短的三分钟，更让我看到了人类对生命的珍视。

（2010年　四年级作品）

寒冰上的舞蹈

　　阵阵迎面而来的凉意，一声声冰刀划过的脆响，一丝丝冰渣爆起的凛冽，门口，"冰纷万象溜冰场"的招牌闪着荧光，我正在入场口换鞋。

　　穿上冰鞋，双脚有了强烈的束缚，又仿佛脱离了地面。但我并不在意，走上真冰，扶着墙，我慢慢地滑，全身被一层凉气包围着。大约走了一圈，我就放开手小心地往前挪，我暗自高兴："哈，我这么快就学会了！还好我学过旱冰。"正在这时，一个人影飞快地冲我滑了过来，我一慌，脚下一趔趄，重重摔倒在冰上，我的脸立刻发烫了起来。

　　接着我慢慢地琢磨技巧，试探一阵后，我可以十分畅快地滑行了。我兴奋极了，在人群中自如穿行。这时，两个约摸高中生的姐姐吸引了我。她们穿着黑色的滑冰服，带着白色的皮手套，只见她们把腿伸长，轻轻一点，身体就以另一只脚为轴心转了起来，越转越快越转越快……然后她们又收起一只脚，再一用力，我们便看不清她们的人了，只见两团黑影在旋转，中间一

寒冰上的舞蹈

道白线——那是她们的白手套。大约转了十几秒钟，她们又用脚轻轻一点，身子便停了下来，像极了两只在冰上旋舞的黑天鹅。

我看了，也下定决心一定要学会一些有难度的动作。于是，我放弃了要休息一会的打算，开始扶着墙练习旋转、单脚滑等动作。可我练习单脚滑的时候总是不停地摔跤，旁边的保安叔叔忍不住过来说："小朋友，这个动作你还一点都不会，就先去那边新手训练场吧，"囧得我当时脸上肯定是一阵红一阵白的。哈！

两个小时很快溜过，走出冰场的时候，脚踩到地面的感觉非常特别，似乎腿更长了，踩下去更有力了。只听表哥在一旁摇头晃脑感叹一句："脚踏实地的感觉真好啊！"

（2009年　三年级作品）

瞥见杭城历史的背影

运河连接着京杭，连接着古今，连接着回忆和希望。它的底下沉淀了一层层历史的淤泥，它的水面浮射着一点点未来的脚步。

—— 题记

当一把利器挖开了这片属于杭州的土地，当那地下深埋着的兽骨展现在了世人面前，那文明的曙光也正穿透着黑暗的土地，照亮那些古老的过去。

世界文明的曙光在这片西子湖养育的土地上生了根，那根似乎是黑白的，黑的是黑陶，豪壮、粗犷。白的是玉器，精致、圆润。而在黑白交汇的地方，便出现了几千年人类全部智慧的结晶——水晶杯。那造型粗犷的杯身，带着黑陶的精神；那细细打磨的工艺，透出玉器的灵魂；晶亮的杯身，没有一丝凹

凸，圆周相等的倾斜，没有一点误差，真正诠释了这尊极品的定义：不小气，而精致；不野蛮，而豪壮。透过杯底历史的影子，我看到了窑工捧着它，脸上的惊讶；我看到宫中王侯们正举着它，尽情欢饮美酒；我看到了马蹄声声的沙场上，它被岁月遗忘……

时间的螺纹可以被磨平，过去的印记可以被遗忘，但在中国的历史上，在世界的历史上，有两个朝代最不能被忘记，那就是唐宋，那种贵胄天成，那"东南形胜三吴都会"的繁盛，这个时代的贯穿者，便是京杭大运河。老天似乎有眼，刻意把运河分了区，一岸繁盛，一岸古老。在那繁盛的一岸，是青砖，是黛瓦；而另一岸，是沧桑的庙宇，就连那狭窄的小木桥也是那么古朴。这运河连接着京杭，连接着古今，连接着回忆和希望。它的底下沉淀了一层层历史的淤泥，它的水面浮射着一点点未来的脚步。

如果历史是一串项链，那么一世世皇朝更替就是颗颗珍珠，而我以为，唐宋的杭州无疑是珍珠中的明珠。

（2010年　四年级作品）

妈妈说

生活在杭州是幸福的，各种博物馆展览馆纪念馆、各式亭台楼阁诗词楹联……精神营养多么富足，而女儿姜涵苑将这些资源这份幸福经营得可充分啦。《瞥见杭城历史的背影》是学校组织她们参观杭州历史博物馆，她回家后写下的游记作业；《触碰地球之肾的剪影》则是某个周末，与小朋友波波一家子同游西溪湿地博物馆回家后，小女自己的胡乱涂鸦。

触碰地球之肾的剪影

水中生长着茂盛的芦苇，蛙儿们在芦苇丛中嬉戏，轻捷的叫天子忽然从芦苇间直窜向云霄里去了……这就是地球之肾——湿地的美景。

这次实践活动，我们便去了西溪的"中国湿地博物馆参观"。

走进馆里，视线便被各种湿地模型包围：印度海德红树林湿地、美国的落雨杉湿地……再往前走，橱窗里展示有各种湿地人家用具，最让我印象深刻的，是一件以前湿地人家穿的鱼皮衣。用现在的眼光来看，这件鱼皮衣也许不够美，但是有衣领，有袖子，有下摆，还配着一双鱼皮靴，都是一针一线手工缝制的，据记载用了整整37条大马哈鱼的鱼皮，如果是在崭新的时候穿上一定帅呆啦！

下一个厅的中间放有一个地球，地球的四周有五根柱子，天花板上有一个大眼睛的图案，一定是提醒人们要时时刻刻地关注地球生态。

再往前走，仿佛进入了"中国的侏罗纪"，出现在眼前的是各种"恐龙"：蜿龙、剑龙、霸王龙……看起来都非常逼真，还会左右摇晃脑袋和爪子呢。转过侏罗纪的一个小山洞，眼前又是一墙标本，原来已经来到了中国湿地厅，这个厅里展示了中国五大湿地类型，五大湿地模型的旁边还有一个个鱼缸，鱼缸里养着各种湿地特有的鱼类，以供游人参观。

听讲解员阿姨说，世界上的湿地正在快速消逝，看来我们真的要好好保护湿地啊！

（2010年 二年级作品）

工艺美术展

阳光明媚的星期六，我和爸爸一起去了西湖博览会的工艺美术展。那里有许多中国工艺美术大师设计并制作的美轮美奂的工艺品，有巨大的象牙雕刻，有惟妙惟肖的根雕，有晶莹剔透的蜜蜂琥珀……令我印象最深的是三样工艺品：“玉雕肉石”、“玻璃杯雕”和“天坛——祈年殿”。

老哥俩

在一个玉石展厅里，我被一块玉雕肉石吸引住了。肉石分三层，最上面一层是“瘦肉”，暗红色上面有一条条的纹路，中间层是白白的“肥肉”，仿佛用手一捏就能挤出油来。底下一层是厚厚的皮，瞧，上面还有一个个的小毛孔呢！

突然，我被大家的一阵阵惊叹声吸引住了，我看到在一个展位前里三圈外三圈地围满了人，里面不时传出惊叹声。我缩扁脑袋挤了进去，“哇！”许多玻璃杯子上刻着精美的图画。一个小哥哥手拿着杯子在飞速转动的砂轮上磨啊磨，一会儿工夫，一幅图案就出现在杯壁上。这时我听见一个大人说：“这个小朋友真厉害，12岁就能刻这么精美的图案。”我心里想，那这小哥哥要从几岁开始学呢？从这里我真懂得了学本领要从小开始的道理。

我们走啊走，看啊看，来到了一大群人围着的玻璃橱窗前。爸爸把我举了起来，我看到了一座用金银珠宝制成的缩微天坛——祈年殿。祈年殿里有威武的宝座，两旁有许多刻着龙凤花纹的蜡烛，外面的栏杆上雕着活灵活现的麒麟，看起来，祈年殿外面雄伟壮观，里面富丽堂皇。

　　不久，爸爸就带着我们回家了，可是我们意犹未尽。工美展的工艺品真美，设计制作的大师们真了不起。

（2008年　二年级作品）

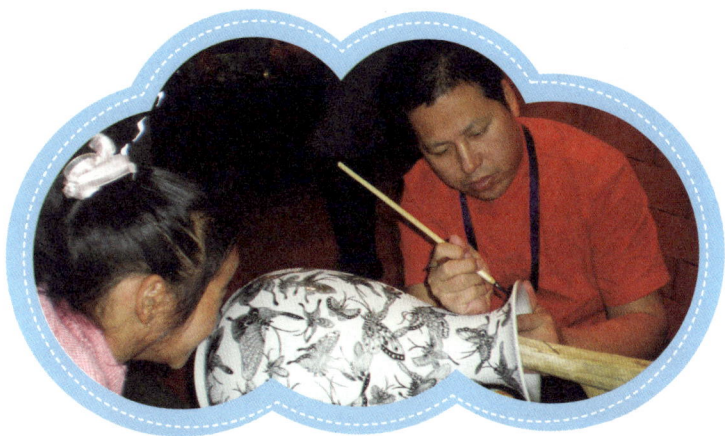

怎么做的呀？仔细瞧瞧

快乐的小·天使

我们这个幸福的家庭每周都有一个节目，这周的节目是拍艺术照。我们费了九牛二虎之力才找到了位于"亲亲家园"小区内的"亲亲宝贝"照相馆。这家照相馆外面鸟语花香，绿树成荫，还有结冰的小河呢！

进了照相馆，我发现那里的衣服款式新奇，我选定穿的有：小南瓜服、小海军服、小公主裙和吊带礼服。

阿姨开始给我化妆了，我很好奇。化妆真是一件麻烦事，阿姨叫我往上看，我使劲把眼睛往上瞪；涂睫毛膏也真累啊。我还擦了口红、粉扑、眼影……从镜子里看到了一个陌生的自己。

拍照了，南瓜服穿起来我就是一个大南瓜，胖嘟嘟的真可爱。穿公主服时，我就像一位高贵的公主。背景是一扇洁白的小窗户，小窗户前面有一幅洁白的窗帘，我在背景前翩翩起舞。

我爱我的爸爸妈妈，是他们让我成了快乐的小天使。

（2008年　一年级作品）

装作睡着的样子

玩跳跳卡

走啊走，太阳又从东走到西，一转眼就到了下午，爸爸说带我出去滚铁环。我立马把铁环从家里拖了出来。

听，院子里传来父女俩的笑声，铁环像脱缰的野马一样飞快地跑着。突然我的眼前闪过一个熟悉的身影，我快步走了过去，原来是我的朋友韬韬，他们在玩跳跳卡。

爸爸走过去让韬韬给我们看跳跳卡，韬韬一脸神秘地给爸爸。忽然，跳跳卡飞了起来又落到地上，爸爸吓了一大跳。说时迟，那时快，我又把一张跳跳卡扔向爸爸，爸爸吓得"胆战心惊"，但他马上反守为攻，也拿起一张跳跳卡放到我的头上，可我一点也不害怕，因为我发现老爸根本不知道跳跳卡的奥秘——要事先把牛皮筋绑好跳跳卡的两翼，手一松开，就会弹跳起来的。

虽然爸爸比我们年长，可是最后我们还是把爸爸逼得只好"束手就擒"。

（2007年 一年级作品）

跟着圆圆的铁环，奔跑吧！

触觉游戏

你知道人的哪个部位最灵敏吗？是手！我是从触觉游戏里知道的。今天我就用一个游戏来说明这个知识，游戏的名称叫：触觉游戏。

"谁愿意上来做示范？"老师大声地问。"我！我！"同学们争先恐后地举起了手。老师指向了我，说："就是这位同学了。"我兴奋又紧张地走向了讲台。老师让我转过身去，并让我把手向后伸出，等待游戏的开始。老师宣布规矩：放一样物体在我的手里，让我在10秒钟内猜出是什么。我紧张地咬住嘴唇，心里暗暗祈祷，一定要猜出来啊！老师在我的手心里轻轻地放了一个小东西。开始计时了！我快速地用手指把那个物体的周围摸了个遍，呀！又轻又软还有许多屑屑，不正是我那橡皮吗！我胸有成竹地说："橡皮！"老师点了点头，说："第二关！"赶紧睁眼看大家一眼，同学们对我竖起了大拇指。

第二回合开始了，这一次，我十分自信。而老师却把物体放了我的胳膊上。开始了，我轻轻地转动着手臂，努力想知道那是什么东西。"五、四、三"可我还是猜不出来。十秒钟一眨眼就过去了，我只知道那是一个圆圆的东西，可它到底是什么呢？这时，老师公布了答案，原来是一截粉笔头！

"第三关"，这一次，老师竟要放在我的脖子上！我的自信心早已烟消云散，心想，这下可出丑啦。果然，老师把东西放上去，我只感觉到一丝凉意，接着什么感觉都没了，还怀疑老师到底有没有放上去。结果可想而知。

老师又让同学们自己做游戏，结果也一样。正当大家疑惑不解时，老师说出了"谜底"，原来，是因为手指的触觉神经更敏感呀。

触觉游戏不但让我们懂得了这个道理，还让我们了解了一些物体的特性，真有趣！

（2009年　三年级作品　课堂习作）

飞针走线

"**预**备——开始！"老师一声令下，同学们就拿出针线手忙脚乱地缝了起来，我们期待已久的缝扣子比赛终于拉开了帷幕！

说到缝扣子，我不由得想起了妈妈教我时的情景：她一手拿针，一手拿布。先把线从针孔里穿过去，然后打个结，就可以开始缝了。妈妈手中的针线按十字形的规律不停地来回，终于缝好了。最后，见妈妈用针穿过那些已经缝上去的线，再压倒剩下的线头，抽紧，打结，剪线头。一个扣子就被妈妈给缝得服服帖帖了。

再来看看同学们，女同学一个个摆出一副"志在必胜"的架势。她们把针小心翼翼地穿出去，再把扣子套上……每一次都生怕刺到了手。把针从下往上刺的时候，她们又拿针在布底下来回摸索，唯恐穿错了洞。

而男同学们也不甘示弱，一个个胆大心细，虽然灵巧度未必比得上女同学，但他们的每一针都非常牢固，缝好的扣子就像在布上生根了一样，怎么也扯不下来。

可在缝扣子的过程中，也出了许多的意外，比如刺到手啦，布破了，线找不到了……我的意外也不少，一会儿打结，一会儿扣子反了……但最后，扣子总算被我"制服"了，乖乖地待在布上。

只是，我发现扣子的后面乱七八糟的线头多得数不清，简直是一只"平面刺猬"，我连忙拿起剪刀剪掉了线头。刚好这时，老师宣布"停！"我缝的扣子总算通过了。

（2009年　三年级作品）

今天我当家

以前，我总觉得当家很神气，可以想做什么就做什么。所以，我可盼望当家啦！但自从上周六我当过家以后，我对当家的想法就改变了。

那天早上，我一起床，就跑到厨房想做早饭。但做什么好呢？冰箱里空空如

看看熟了没

也，再跑出去买也太麻烦了，我绞尽脑汁也想不出来。突然，我想起冰箱顶上有两个面包，够我和爸爸吃了，连忙跑过去一看，面包也"不翼而飞"了，大概被一早出差的妈妈带走了。我又翻箱倒柜，终于搜出了两个粽子。吃完早餐，一看表，哎呀！比计划晚了半小时，我连忙去做作业。做完作业，按计划去打羽毛球，可是风太大，好不容易找到一个避风的地方，也只打了一会儿就去买菜了。

菜买来后，我开始炒菜。炒菜的时候，我不停地翻炒，累得满头大汗，直到我要关火的时候，我才想起还没放盐呢！我连忙放了一大勺，翻了几下就装进了盘子，吃的时候才发现这盆菜已经变成了黑炭，有的糊成了一块，有的地方像白开水一样无味，有的地方咸得发苦……

勉强吃完了中饭，我却又被一个难题难住了，爸爸每周末一定要午睡的，可是我的计划没有列进去，这个时间段是我计划去书店的时间，这可怎么办

啊。爸爸打破习惯不午睡下午会很累的，可是书店又有我必须买的书，最后我决定从我去书店的两小时中匀一个小时给爸爸午睡。

从书店回来已经很晚了，我和爸爸想在外面吃饭，可是要么是要排很长的队伍，要么是没有停车位，最后我们在一个小店草草吃了晚饭了事。

晚上，我躺在床上想，天啊！以后当家这事可千万别落在我的头上，我才当了一天的家就左右为难忙乎成这样，爸爸妈妈每天当家该是多么辛苦啊！

（2009年　三年级作品　课堂习作）

小大厨掌勺

绿油油的盆菜

"哎，起床了！快来种植物。"初春的一天清晨，听到这句话，我全身上所有的瞌睡虫立马被赶跑了。我咚地跳下床，冲向阳台。妈妈已经拿着种子与铲子在等着我了。

我拿过种子，开始挑选起来："嗯，凤仙花不错，还有太阳花、牵牛花，就是难养了点……"而那豆子嘛，只好被我冷落了。

我开始在最大的花盆里小心翼翼地钻上洞，放进花籽，再覆上土，才算种好。而豆子只是被我零零散散地撒在小菜盆上而已。

日后，它们的待遇也截然不同。花盆里我总是要浇足水，再认真地松土，对菜盆只是象征性地滴点水。

可就在这"特殊待遇"下，菜盆的豆子却发生了惊人的变化。

又是一个普通的清晨，但唯一不同的是贪睡的老爸是被我大叫吵醒的。因为我发现细细的豆茎上竟结满了肥大的豆荚，豆荚上的每一根绒毛都在微微摇动，似乎庆祝它们的成功。

在那肥大的豆荚上，我似乎看到了一句话：我不需要别人，也能做得很棒！

（2009年　二年级作品）

营养过剩的凤仙花

"**呀**！这凤仙花怎么都枯啦！"一大早，我就去阳台上看我种的凤仙花。几天前，我种了几株凤仙花，一直长得好好的，叶儿绿得就像能滴出水来，上面散落着绒毛。才几天就长出了四五对嫩叶。可想不到今天这些花的茎都细得像丝线一样，东倒西歪地垂在花盆里。

一看这枯死的凤仙花，我心痛不已，立刻开始了"调查"："昨天谁动过这凤仙花啦？"来我家玩的表弟委屈地说："昨天我看这些花这么小，就放了两勺肥料，没想到……"听到这个，我顾不上心疼我的凤仙了。我想：为什么放了肥料它反而会枯死呢？最后，我决定以自己的实验来探究这个问题。

我又种了三株凤仙花，每天给它们浇水晒太阳。等到三株都长出芽后，我给一株放了一大勺肥料，一株放上几颗，另外一株什么也不放。我又继续像往常一样给它们浇水晒太阳。

第二天早晨，我出去观察我的实验成果。那株加了一大勺肥料的花完全枯死了，连土壤也成了浅黄色，干得都裂了开来，而且泥土十分松散。另外两盆并没有太大的变化，我给放过几颗肥料的那盆又放了一小颗肥料。

之后，每过一周，我就给这盆放上一两颗肥料，而另外一盆还是一如既往给它浇水晒太阳。过了大约一个月，放肥料的一盆便长出了花苞，另一盆却足足又过了一个月才羞答答地露出花蕾。

我联系起这三盆花的结局，得出了结论：第一盆花枯死，是因为肥料放得太多，浓度高，供水不足，如果放得适量，花就能成长得更快。

看来，不管是人还是花，都需要营养，但是，切不可营养过剩！

（2009年　三年级作品）

121

可爱的小·西瓜

"姜涵莼，书签制作二等奖。""耶！"我在心里欢呼了一声，把头仰了仰，背挺得更直了。

上周，老师布置了一个作业是做书签参加评比。那天放学之后，我一路狂奔，耳边的风在呼呼作响，一冲进妈妈学校的办公室，我就气喘吁吁地把这项活动告诉了妈妈。妈妈说："我带你到展示厅去看看大哥哥大姐姐的书签是怎样做的吧！"那里的书签真是琳琅满目，但是，我觉得那些用树叶做的书签太普通了，而用卡纸做的书签又太大了，并且只有一面的书签也不好玩。我想我要做一个什么样的书签呢。

回家的路上，我看到水果摊上有个西瓜被破开了，皮绿绿的，果肉红红的，上面还有黑黑的小籽儿。我灵光乍现，一拍脑袋："咦！书签不是可以做成小西瓜的形状吗？"

回到家，我先找来一张粉色的卡纸，用圆规在卡纸上画了几个圆圈，选了一个大小最合适的圆圈把它剪了下来。我又画了一个圆，做成了一个月牙形状的，把月牙粘在圆圈上。然后我在被"月牙"覆盖住的地方写下了"人生在勤，不索何获"，在露出的地方写上"书山有路勤为径，学海无涯苦作舟"的名言。滴答，滴答，闹钟提醒我这时已经很晚了，爸爸说明天把书签带到学校去做吧。

第二天中午我用深绿色的笔在书签上画上一条条斑纹，又在空白处涂上浅绿色，最后用铅笔画上西瓜籽，一个"小西瓜"就做好了，看起来就像真的一样。

这样我做好了我的书签，看着"小西瓜"，我觉得它一定能得奖，果然如此。以后我要做得更好，争取得一等奖。

（2009年　二年级作品　课堂习作）

一元钱，一本书

"我心中有个太阳，我心中有个月亮……"这首人人都熟悉的《爱在人间》，在这一天唱应该是最合适的吧！因为，这天（5月28日）是市民爱心日。为此，我们浙大附小也举行了"一元钱，一本书"的活动。

晨雾初散的清晨，同学们陆陆续续来到学校，便争前恐后地把钱投进爱心箱，有的还为差一步排在后面而惋惜不已。连最后已差点迟到的学生，虽然很着急，但当见到爱心箱时也停下脚步，捐出了自己的零用钱。

在这个活动中，还有许多感人的镜头。一个一年级的小男孩，抱来了两个他用心储存好久的钱罐，把钱全部倒进了爱心箱，那哗哗的声音响得很动听，一声声都是爱的敲击。当我们小记者问他以后会不会后悔时，他反问道："为什么？"他表示希望用这些钱为小朋友们买书，增加他们的知识。还有很多同学直接捐赠了名著图书。

还有一位同学，一气捐了去年所有的压岁钱，她想用这些钱为贫困孩子们买文具，因为我们都希望贫困小朋友和我们一样拥有良好的学习条件。

在学习面前，我们是平等的。

那一摞摞堆叠的图书，那一声声硬币清脆的落下声，似一首首真爱之歌，久久回荡在蓝天底下……

（2009年　二年级作品）

每本书都似一首真爱之歌

妈妈手记

爱心稿费

　　"妈妈，我五篇文章90元稿费肯定不够买一双溜冰鞋，我把"金桂文学奖"的200元算上够买了吗？"丽水金小芬的心愿是要一双溜冰鞋，身在杭州的女儿开始计算她的所有稿费。

　　2011年3月，女儿曾经代表牛通社小记者赴北京采访两会，这还是女儿第一次去北京，但她没有心情参观游览，没有不断花钱满嘴零食。除了给全班每位同学背回五十多串糖葫芦，那将近一周时间，她自己硬是没有买过一份零嘴，吃过一根冰棍。同伴老师父母都难以理解小涵菀的这份克制力。没想到我家这位瘦弱的小女孩，对素不相识的同龄人，却有着这样的关爱和决心。

　　那天周日，青少年宫广场的结对活动，女儿在里面的美术楼上书法课，于是便委托了她老娘我去结对现场给她寻我一位小朋友："和我差不多大好了，但我要她也是女孩子，这样暑假可以带她来我们家住哦！"那天太阳很大，我挤在爱心人群中，满头大汗。我找到了丽水开发区第一小学的一位可爱女孩，三年级，母亲在她13个月时就得脑血管病离开了人世，身有残疾的父亲带着她艰难过活。

　　当天晚上，我们按拿到的联系电话发去了短信：您好！是金小芬家吗？我是杭州的一位老师，女儿姜涵菀今天通过《青年时报》选择了与您们结对。我们家虽然经济条件很普通，但是愿意尽微薄的力量给你帮助，很希望能给金小芬一定的精神动力。请见信后即联系！祝你学习进步！

　　后来电话回过来了，得知金小芬父亲不识字不会发短信，好在金小芬还能看短信，但父女都说不清邮寄地址。

　　在互相鼓励一番后，第二天女儿又试图通过丽水114查询学校电话未果。正在为难之时，又一次通话，与金小芬聊起，有无亲戚邻居在杭，得知金小芬有个堂姐在杭已稳定成家，女儿喜出望外：妈妈，我可以叫金小芬的姐姐给我带去送她的六一礼物啦！

　　有心做成一件美事，天公也作美。没想到不到一个月，我就在自己办公室碰上了这件美事的始创者——《青年时报》社会部的记者们前来联系其他的采访，于是一切便都自然接头妥当了。

妈妈说 散文、记叙文、童谣、古体诗……女儿都一一乐颠颠去把玩。小丫头喜欢教她的老师，热爱自己的学校，兴之所至，试作浙大附小校歌歌词一首。第一次尝试歌词创作，没想到同样给大家带来了惊喜。

四季校园

一：夏天的校园中，老树上绿荫浓；操场上的球筐里，总有球儿往里投；书声琅琅教室里，窗框上鸟儿歪着头；小猫从栅栏外探进小脑袋，瞧见老师匆匆走进教学楼。

二：秋天的校园中，黄银杏扇儿动；走道中的地板上，总有毽子飞起落；笑语阵阵课堂上，爬山虎的叶儿在舞；小麻雀喳喳叫停在书包上，啄着包带上的面包碎屑儿。

合：一年四季，春风秋雨，校园里依旧青草绿；一年四季，春华秋实，校园里，桃李满。

（2011年　五年级作品）

我的秘密花园

Wo de mi mi hua yuan

给圣诞老人的一封信

亲爱的圣诞老人：

　　您好！

　　大雁已经到达了南方的目的地，雪花穿上白装等待出场。圣诞快到了，您的礼物工场一定又恢复了忙碌。小精灵们一定在忙着包装礼物，小鹿们已经整装待发，你一定又在练习爬烟囱了吧，可您能先跟我去一个地方吗？

　　那儿是一间阴暗的地下室，只有一张木板拼凑的床和一个用来放杂物的柜子，一位女孩正坐在床边读着一年级下册的语文书，身边坐着她的姑姑。床上还放着一本练习本，本子上端端正正地写着生字和按照语文书要求的听写作业。圣诞老人，您明白了吗，这就是地下室女孩——蔡冬冬的家。蔡冬冬从小失去父母，跟着大姑姑生活，可现在，大姑姑年纪已经老了，没法照顾她。蔡冬冬只好从偏远的贵州山区来到杭州，跟着打工的小姑姑生活。虽然她没有条件去上学，可她还是每天坚持自学课文。

　　今年，我想让您把准备给我的礼物转送给她！现在城里的孩子整天在家电齐全的家里待着，衣来伸手，饭来张口，有的还不如蔡冬冬用功，如果说每个人都有一个承受爱的箱子，我的箱子已经被爸爸妈妈的爱填满了，而蔡冬冬没有父母，我们要用自己一点一滴的爱填满它空间很多的爱之心房。所以，圣诞老人，请把准备给我的礼物给她吧！

　　每次我走过那些宾馆酒楼，看到人们在里面大吃大喝，我总是想：为什么他们不把这些钱省下来捐给希望工程呢？如果每个人都捐出一点爱心，穷苦和疾病就会从人类的字典里删除。圣诞老人，您就是最神奇的爱的使者，这些，您可以做到的，对吗？

　　祝您

　　永远健康快乐！

姜涵莼
2010年12月12日

圣诞节来临在即，女儿读到一则同龄人住城市小区地下室仍艰难读书的报道，颇是唏嘘，恰好学校布置《给圣诞老人的一封信》作业，本以为女儿肯定会写一篇充满童话色彩的文章，不料女儿趁机一吐心头之念，也许这样她心里会好受一些吧！

一点一滴的爱堆成圣诞小礼物

小·象开浴室

小象灰灰从动物大学毕业，来到城里找工作。他来到一间浴室，由于他擅长用长长的鼻子当喷水器喷水，便被录取了。每当顾客来时，小象就把顾客请到浴盆里，然后用鼻子喷水，帮顾客冲洗得干干净净、舒舒服服的，有时还给客人进行泰式按摩呢，所以许多顾客都点名要灰灰帮忙洗澡。这些顾客中有老虎啊，小猫啊，野鸭呀……

过了几个月，灰灰赚够了钱，便决定自己开个浴室，他造了一间木头房子，里面还摆着几个大木桶，于是，这个浴室便轰轰烈烈地开张了。那时正值夏天，人们看到这里环境好，便纷纷来洗澡。灰灰看这个浴室每天像集市一样热闹，于是雇了另外几头小象。客人赶时间的时候，她就用长长的鼻子吸足水，猛地一冲，"哗"的一声，水像瀑布一样泻下，客人马上就干干净净的了。如果客人有充足的时间休闲，灰灰就把大木桶放满水，让客人坐在里面，再让小象们用细长的鼻子慢慢给客人冲澡。

由于灰灰的店服务周到，价格实惠，生意越做越红火，于是又增加了几个服务项目，比如免费扇风，是让店员用又大又阔的耳朵给客人扇风，还有让店员用长鼻子按摩客人的背……

后来，灰灰还开了好几家连锁店，所有的店都很有特色，遍布浙江主要城市的主要街道。

（2008年 一年级作品 看图写话）

退休的鞋子

妈妈的高跟鞋、宝宝的小童鞋、爸爸的大皮靴都穿旧了，妈妈把它们扔进了垃圾箱。

　　一天，一辆大卡车把这些旧鞋子送到了郊外的垃圾站。垃圾站当然不是个好地方，但旧鞋子们的新生活却是从这儿开始的。

　　不久，一群小松鼠偷偷溜进了垃圾场，发现了大皮靴。松鼠们费了九牛二虎之力把大靴子抬走了。到了家，松鼠们议论纷纷，有的说用来做玩具，有的想用来做皮包……这时，墙角传来了一个甜甜的童音："何不用来做房子呢！"原来是在睡觉的小绒球醒了。松鼠们觉得不错，就动起手来，不一会儿房子就完工了。小绒球说："真不错，还防水的呢！"

　　再看看别的鞋子的命运如何。

　　小童鞋也被一群乌龟小心翼翼地背走了，乌龟们要用它过冬呢！小乌龟在鞋子外面裹上金灿灿的沙子。两个鞋子，正好乌龟夫妇一人一个，睡上去可舒服啦！估计一个冬天它俩都不会醒啦！

　　妈妈的高跟鞋也被一群小蚂蚁搬走了。原来蚂蚁们老被食蚁兽侵略，一直想把洞口堵住，就抬走了鞋子。后来，有只调皮的小蚂蚁偷偷爬上了鞋子上面，忽然发现高跟鞋当它们的瞭望台十分合适，于是高跟鞋又成了瞭望台。一天，鬼鬼祟祟的食蚁兽又溜过来了，马上就要溜进洞口了，他正得意的时候，没想到负责瞭望的小蚂蚁早就发现了他，并且把"敌情"及时通报给了同伴们，同伴们就拖家带口地从另一个出口结伴而逃啦！满怀希望的食蚁兽最终扑了个空，以为这已是个废弃的空巢，从此再也没来过！

　　怎么样？三双鞋子的去处都不坏吧！

（2009年　二年级作品　看图写话）

消暑音乐会

"知了——知了——"在一棵树皮都似要烤焦一样的树上，一只知了在无精打采地唱着歌，那就是我。

忽然，我突发奇想。为什么不能开个音乐会呢？说干就干，我马上去树叶上树洞里找我的朋友们，我还叫上了这周围所有的小鸟。别慌，因为人类开始保护环境了，不再砍树，所以鸟儿们只吃甜甜的果实，和我们成了好朋友。

约好了朋友，我来到了和朋友们说好的一棵树下，弄倒了几根树枝，作为观众席，又拿来了我的一个小木桩，当做舞台。

接着我捡来了几片叶子，在里面放满了又清又凉的水——现在人类不再往水里丢垃圾了，水不但不脏，还有点甜——然后收集了一些花瓣放在水里，让水更香甜。我边放边想，第一片叶子放点荷花吧，第二片放玫瑰，第三片嘛就放小野花，第四片留给爱喝清水的朋友吧！最后我去采了很多铃兰花，朋友们可以用它舀水喝。我还采来了浆果和花，我把浆果放到水旁边，把野花插在四周，一个美丽的音乐会会场就准备好了。

太阳快落山了，我又马不停蹄地跑到草丛里，对萤火虫们说："你们也去参加音乐会吧！"它们欣然同意了，跟着我飞去。到了会场，已经有许多人了。萤火虫们躲在树叶后面，我奇怪地问为什么。原来，它们想在表演开始时突然飞出来，给人们一个惊喜。

这时，人差不多到齐了，所有的知了都走上了舞台唱起了歌，突然萤火虫们飞上了舞台，像一群星星一样飞舞着……一首歌完了，观众们还沉浸在优美的歌声和奇妙的景色中。

鸟儿们的表演更是别具一格，画眉鸟们模仿了各种动物的叫声，不知情的

人们还以为是一大群动物在叫呢！

这时，青蛙们在一个小湖里也唱了起来，它们虽然没有高音，可还是把听众给迷住了。

表演完毕，朋友们一个个悠闲地聊着天，品尝着我准备的浆果、花瓣水……

原来只要人类保护地球环境，大家生活可以那么美好。

（2010年　三年级作品）

那次与外星人的邂逅

"嫦娥10号准备发射！5、4、3、2、1，点火！"随着一声巨响，我感到自己的身体在急速上升。当身体适应后，我便打开火箭窗，玻璃是凉的，很显然，在与大气摩擦时产生的高温已经降下来了。窗外，是一片闪闪的星光，火箭的第一级推进器已经解体，这两个巨大的金属体立刻被宇宙的轨道甩远了。我又打开视频通话，嫦娥10号控制中心总工程师发出指令："请做好登月准备，速度调整为500km/h，10分钟后调整为300km/h……"

在太空机器人的帮助下，我套上宇航服，戴上头盔，调整好飞船的角度准备登月。一颗星球越来越近，越来越大。月球，那就是我们的目的地——月球，"砰"飞船着陆了，我缓缓地走出登月舱。

尘土、月海、环形山，一切都很静、很静，这个黄色的星球上仿佛只有这三样东西。我不免对此行任务"寻找生命体"感到怀疑。我系上保险绳，开始环月漫步。绕过一个环形山，隐约发现一个气泡，我们小心翼翼地钻进去，里面是另外一个世界：金属质感的传送带上待着奇形怪状的物件，正在不停流动。一个个顶着圆圆脑袋，头上有两个天线的机器人在忙碌着……突然，我在一个圆柱后面发现一群小东西，正瞪着大大的乌黑的眼睛偷看我，当看到我发现了他们，就一溜烟地跑了。

正在我准备向控制中心报告警情时，一个"大人"领着刚才那群"小不点"向我走来。一开口就朝着我叽里咕噜地说了一大通，我冲他们无奈地摇摇头，摆摆手，表示不懂。一阵沉默后，他冒出了一句中文：你是谁，来干吗？（后来我才了解他是星球负责对外联络的外交官）我和他作了沟通。这时我才有机会近距离观察那些小不点。大大的头，乌黑的眼珠，还有胖胖的四肢，可

爱极了，仿佛人参娃娃。

外交官把我们领进了一座隐蔽的城堡，说："我们现在正学习中文，以方便和日益发达的中国进行交流，寻求你们的帮助。因为我们星球有了麻烦，只有你们能帮助我们。"停顿了一会，又凝视我很久，他接着说："我们星球的种族叫玛琪，依靠一颗'红果'供给能量，就像你们地球依靠太阳一样。可是现在另外一个星球的种族洛依，想发起一场战争，抢夺我们的'红果'，让我们为他们服务。他们的下一个目标就是地球的人类。我们只有联合起来，同仇敌忾才能消灭他们。请你和你们的指挥部联系，如果可以的话，请来这里协商作战方案。"他指着那个小不点人参娃娃，"他叫蛋娃，我叫布迪。"

人参娃娃拉着我的手就要走，我急着问："你要带我去哪里？""去休息。"蛋娃用生硬的中文回答道。

我被带进了一个像蚕茧一样的白色房间。微风吹拂着我的身体，等我反应过来，才发现我已经被"淋浴"了。然后，有一片薄如轻烟的水纱向我袭来，我的睡意涌了上来，很快就进入了香甜的梦乡。

突然，一声巨响一道电光划破月球的夜晚，我冲出"蚕茧"，只见到处是激光枪发出的让人战栗的红光，巨能手榴弹在"人群"中炸响……洛依的"红果之战"开始了。原来在我还没来得及联系人类时，我们的同类已经觊觎上了这个星球的空间和能源，我来不及惋惜和悲哀，我套上防弹衣，正准备出去看清原委，一个核能原子弹落在我的眼前，"轰"的一声，我便失去了知觉。

醒来时，我正躺在自己温暖的床上，妈妈正坐在床边温柔地对我说："宝贝，乖！你又做了什么梦啦？"我正想回答妈妈，一侧头却看见枕头边的小圆球之一小不点"蛋娃"，正睁着乌溜溜的大眼睛瞪着我。

（2011年 四年级作品）

二十年后的夜空

"一闪一闪亮晶晶，满天都是小星星……"我陪爸爸妈妈在立体电视机前看2032农历壬子年的春晚呢。"10、9、8、7、6……"零点快到了，观众们开始倒计时。窗外没有月牙儿，只有老牌主持人月牙般的标志性微笑。

我呆呆地盯着墙上的电子日历：2032年2月11日。如果时光流退二十年，现在本该是最最热闹的时候，各家都跑到门口放鞭炮，互道新年好！小孩子可以趁机嬉笑玩闹。

可这些年，室外已渐成了黄沙一片，沙中小树象征性地立在"绿化带"里，天上的星星月亮早就被工厂喷出的烟圈和汽车吐出的尾气覆盖，以前习惯每天散步看星星望月亮的人们也只好改掉了这个"坏习惯"。

我又走到了每家唯一的小窗口前，站在26层的高楼上，怀着最后一丝希望向外张望，可窗外依然如此——漆黑一片。现在为了防止沙尘暴，每家只有一个小小的窗子。每天吃过晚饭，大家几乎都会挤在窗前，希望月亮姐姐或哪一颗调皮的小星星，能跑出来露一点点脸——可"奇迹"从没有发生过。

这时妈妈的叹息声又传了过来，把我拉回了现实。"现在天上都看不见星星月亮，我们那时候每天做完作业，就跑出去找小伙伴数星星，抓萤火虫，现在却一片漆黑，什么也看不到，唉……"八十多岁的老外婆也在一边帮腔："我们小时候还要有味道，每天没有作业，回到家，就把书包一扔，跑出去放牛，躺在草垛上看白云在蓝天中慢悠悠走过。我们还偷偷背着大人溜到鱼塘边去钓虾呢。现在一片黄沙，哪有什么鱼塘啊……""星星！月亮！连我小时候也还有的呀！"为了不显得过于可怜，我连忙接嘴。可我看到了学步车上，表

姐两岁的小儿子在顾自咿呀学语，忽然，不忍心再说下去……

现在每家每户最珍贵的就是以前的星空照，有的照片拍得好，还被送往拍卖场拍卖，价格飞蹿到了几个亿，卖家还是舍不得出手。大人们经常向几岁的宝宝讲"天上星亮晶晶"的故事，就像科学家和我们讲侏罗纪的恐龙故事一样。

望着天上厚厚的乌云，我真想拿个吸尘器把天空吸得干干净净，再用丝绒布把小星星一个个擦得亮晶晶的，让它们自由自在地洒落在夜空中。

"一闪一闪亮晶晶，满天都是小星星……"

（2011年　四年级作品　活动习作）

妈妈说　　学习之外，女儿有滋有味地经营着她的课余生活，包括优哉游哉地参与网络写作。这是她参加《杭州日报》"经典学堂"栏目之"二十年后的夜空"命题作文活动所写的作品。

拒绝夜的
灯火通明

橘色的星星，从一百年前爱迪生发明电灯开始，就一颗一颗暗淡下去；银色的月亮，从近千年前人们发明照明物，就一天天减少了亮光。在当今人们为灯火霓虹欢呼的时候，多少城里人会想起抬头看看夜空，看一看已没有一丝光泽的星星呢？

以前，有多少诗人作家写过繁星，赞过夜空？但是现在，就算天天捧着《繁星》的人，也不会注意天上那一颗颗的星星了。这些，如果仙逝的冰心奶奶看到了，她会怎么说呢？也许只有深深的叹息了吧！

古老的灯

偶尔晚上坐车去郊外，上了林间的公路，就仿佛到了另一个世界，眼前瞬间暗了下来，回头看，身后那一团灯火越来越远，而前面的天空，一颗颗星星越来越近。在郊外，无论哪个山坡上坐下，天上都有无数的星星和一轮银色的月亮，亮度不逊于一盏小夜灯，但那亮光是不同的：灯光之夜，只能营造一个张灯结彩的大院，而郊外星辰，恰似处处烛光摇曳的园林。

想想让城市沉睡的样子吧！想想让这火树银花不夜天消失的情形吧！所有的霓虹灯都关了，只有高楼人家窗户透出的淡淡黄晕之光，星星与月亮又恢复了光泽……

你想回到那样的夜晚吗？

（2010年　三年级作品）

外婆的机器人宝贝

每当看着满头银发的您在弯着腰洗菜、烧菜、做家务时，我脑子里的梦想精灵就又争先恐后地跳了出来。

我总是想为什么不能发明一种专门为您定做的机器人呢？

当您揉着布满血丝的眼睛，四五点就从床上爬起来准备早餐时，机器人已经把热气腾腾的早饭摆上了桌，还都是合您心意的。

当您舒舒服服地坐在沙发上时，只要您对机器人说："去打扫房间吧！"机器人就会挥舞着大钢爪一手拿扫把，一手抓起抹布开始了大扫除，不一会儿房间就焕然一新了。

中午十一点左右，机器人它会自己到厨房去做中饭：上汤菠菜、千张烧肉、鱼头豆腐……一点也不比您做的逊色。

当您打着哈欠想睡午觉时，机器人已经铺好了床，如果是盛夏，它会开一会空调，冬天，它就往被窝塞一个热水袋。

在院子里的植物快挡住阳光时，它会拿着大剪刀把草木修剪成一个个生动优美的图案。

当您汲水的水桶掉进井里时，机器人能把手一下子变长，把水桶捞上来。

它连小动物也会照顾。每隔两三天，它会给小鱼撒一次食，每次不多不少；每过十来天，它会清理一次鸡窝，清理得可干净了；每顿饭后，它都会去喂小狗，每回刚好喂饱。

晚上，常常有客人来拜访您，这时，机器人会

"分身术"，它把钢壳脱下，安排钢壳去烧菜，而里面是人形的，可以陪大人们打牌，陪小孩做游戏。

当您睡下后，它会自动找出插头给自己充电，第二天会自动拔下插头，开始它新一天的工作。

我要把这个好帮手送给您。您，就是我最最亲爱的外婆！

（2009年　二年级作品　课堂习作）

未来厨房

"**叮**铃铃……"闹钟响了，早上起了床，就该去上学了，可又要刷牙，又要吃早饭，起床晚点免不了还要迟到。

可是如果你用了我设计的智能厨房，这些烦恼就会全部消失。

清晨，当你走进厨房时，墙上的显示器已经把当天的季节、温度、你的身体情况等综合起来，设计了一份菜单。菜单分为饮品、主食和小菜。当你点好后，厨房里有一位六只手的机器人便忙碌开了，不到三分钟，一桌味美的食物已经摆在你眼前了。

晚上回到了家，还得去买菜。但是，在炎热的夏天或寒冷的冬天，在匆忙下班之后，你是否有过不想外出买菜的念头呢？有了我设计的厨房，买菜就不再是个负担。只要你事先选择好一个菜场，让那个菜场装一条到你家的光无形通道，那么你只要在家里打个电话给菜场，告知要买的菜的种类和数量，菜场就会把你要的菜放进你家的通道，让菜自己"滑"到你家。

吃过晚饭，还有一件让人头疼的事情，就是洗碗。可没等你跨进厨房，机器人就又忙碌了起来，一会儿洗碗，一会儿擦瓷砖，一会儿收拾刀具。然后把一天下来的所有厨房垃圾运送到厨房垃圾回收站，用来为小区花园的小树小草施肥。

瞧！有了我的智能厨房，一天中的琐事减少了很多呢。

（2009年　二年级作品）

在自然的怀抱里

多少个夏日的夜晚，我在梦中见到了那间木屋；多少个冬日的凌晨，我又在温暖的被窝里看到了那片竹林。那，就是我梦寐以求的另一个家园。

一圈铁艺雕花栅栏里，一间原木小屋坐落其间。屋后的榕树，气生根已垂到地面。枝干上无数的树洞，藏着机灵的小松鼠，它们总聚在一起，在树上荡秋千，到窗前来觅食。

而屋前，放着狗窝的草籽花丛中，我的金毛犬正在追赶蝴蝶。

我的小屋周围，还看似杂乱却错落有致地散布着别的小屋，组成了一个小村庄。每天傍晚，每家每户的炊烟飘上天空，给艳红的太阳蒙上一层轻纱，使天空变成了温暖的橘色，而人们的心也跟着温暖了。

哪天张家做了立夏乌米饭，第二天早上，家家都有乌米饭的香味飘出。人们坐在门槛上、木凳上，津津有味地品尝着。李家过年要打年糕，人们便带上工具去帮忙，一起做完了，便一家分上一条，捧着烫呼呼的年糕，一路上不停地翻手换手，急匆匆回家粘上糖趁热吃。后天马家，下周吴家……人们见了面，总这样问候："狗蛋家的清明团子还好吃吧？""蛮好蛮好，就是淡了点，我蘸了点盐吃了好多个。""二虎子家新收的柿子甜吗？""甜极了，你也去摘一篮吧……"

门前的小溪清澈冰凉，茂密的苇叶下是一个个小土坝，一听到人来，水獭

就从小土坝里拱出来,从芦苇林中往外看,远远望见,就像翠绿丛中藏着两颗黑珍珠。我往往会带来一两个贝壳,看着它们在自己毛茸茸的肚子上用石头砸碎贝壳。我如果忘带了,它们便爬上我的头,用软绵绵温乎乎的小胖爪子盖住我的眼睛,或是用大尾巴把水甩我一身,直到我告饶折身去捡来黄瑄贝壳才罢休。

小溪对面有一处低涯,顺着石板路走上去,眼前是一片修竹,纤细的竹叶在风中沙沙作响。如果你瞥见一簇簇水蓝色的身影在翠竹中穿梭,那一定是在低涯上筑窝的翠鸟。我一去,那些淡蓝色的小精灵便来啄我手上的盐粒,还在我的头顶上乱飞,衔起我的头发叽叽喳喳。

后院的银杏林里,还总有几只火红的小狐狸来扒着栏杆讨香肠吃。吃饱了,就用爪子去扒拉金毛犬的脸,直到它让出狗窝为止,同来的还有一起来吃盐的小羊小鹿。

神游之间,我看到了曾经的美丽故事,如今的梦想童话。

梦中,我依稀听见大自然的心跳,看见自己躺在大自然的怀抱里。

(2012年　五年级作品)

狗蛋家的清明团子

从前

　　倘若再过二十年，我再走进这小小的山村，或许我会这样看，这么想。我会蹲在村口，看着那白色的金属村牌，怀念从前，那块老石。小时候，我总是在那块大石头边玩耍，田里劳作的男人们，累了，疲了，便一起靠在巨石上，喝着已经凉好的茶水，聊着天南海北事，那块老石上，它聚了几代人的汗水。出门远行的人儿，一路奔波，直到望见这巨石，心里便踏实了，也就有了归巢的温暖。我想着，伸出手去，想重温石头的细腻、坚硬，却触到一片冰凉、毫无生气的金属。

　　站在已围上不锈钢栏杆，修起驳坎的河沿，那情景还在眼前。妇女们在河边用棒槌敲打着衣服，或是洗着刚从菜园拔来带着露珠的青菜。总有两只小狗，在妇女身边打转，期望能找到点吃的，被人们一轰，一慌张，便扑通掉入水中。看着被妇女手忙脚乱捞起的"落水狗"，无辜地抖抖身上的水滴，眨巴眨巴黑亮的大眼睛，我不禁扑哧笑了出来。

　　河底的淤泥里，一丛丛水草随水漂拂，像又一层暗绿色的水波。我举着比人还高的大网兜，拂着水草来回抓虾，一下一下的，总有几只指甲盖大小的虾米落网，虽小，却活蹦乱跳快活无比。现在，河底被铺上规则的鹅卵石，虽然整洁，却打碎了我童年的梦。

菜场前，一个个猪肉摊上摆着切好的白花花的猪肉，又想起从前。那时家家屋后都有平房，平房里面是猪圈，猪圈的上方用木板隔一个隔层，隔层里放着干燥的稻草，每天晚上用钉耙从隔层上拖一捆稻草下来给囡囡猪做垫被。平时，总是让家里的小毛头去田里采上一些新鲜的猪草，剁碎，拌上一些剩饭菜，加上砻糠就是猪猪的美食啦。喂猪是农民家的头等大事，因为那是一家人过年的期盼。农历小年前后，便请一个杀猪匠，把猪拖到院子里，随着红红的猪血缓缓流出，辛劳一年的人们便拉开过年的大幕。这时左邻右舍都会跑来帮忙，提水的提水，端盘的端盘，小小院中好不热闹。一直到大年三十，杀猪的院子里还弥漫着猪粪的臭味，这也算是我记忆中年的味道吧。

又见小爷爷从超市搬回一袋袋白米，便想起从前。家家秋收后，便收起杂物，腾出院子，晒稻谷。秋日，阳台远眺，家家户户小院子一片金灿灿。太阳底下，戴着草帽的农民伯伯用竹耙子翻动着稻谷。晒干了的稻谷被装成几个麻袋，在墙角摞成一堆，那是躲猫猫孩子的最爱。家里米缸见底时，搬出一袋送到村口的碾米屋去。碾米机算是这个村里第一台现代化设备了吧。它有三个口子，黄澄澄的稻谷从上面倒进去，哗哗的，是真正的黄金在流淌。侧边的口子，鼓风机呼呼地吹，轻飘飘的砻糠欢乐地飞出，像雪花在飞扬。正面的口子，白净的大米带着热乎乎的体温倾泻而下，撞击着箩筐四周，四下飞溅，如珍珠，似白玉，莫非"大珠小珠落玉盘"却是描写此情此景！

还有从前，那院子里总是热热闹闹的，撒上一把玉米粒，抑或一把田里拾

举着网兜来回抓虾

来的稻穗，总能招来咯咯的母鸡和嘎嘎的鸭子。而平时，它们总在屋后的草地上捉虫和闲逛。那神气的大白鹅则不屑低头觅食，总是衔青草的嫩苗，主人回家，它就跟在后面，好像是这里的大总管，可它那笨拙的屁股，总是把孩子逗得哈哈大笑。偶尔会从床上清出一个鸡蛋，或者床底扫出一簸鸡毛，那是闯入禁区的母鸡干的好事。小鸡在拎着火铳晒太阳的老婆婆边上泥地里打着滚儿，或者把头埋进翅膀里和婆婆一起打盹。而大公鸡尾巴上鲜艳的羽毛则早就被家里的女孩子预定了，翻箱倒柜地找出铜钱，羽毛扎上红线，绑在铜钱上，衬上自行车轮胎皮做的皮垫，就是一个精美的毽子。

这些，在不久的将来便会成了"从前"。

倘若再过二十年，我再走进这小小的山村，我真不希望，我会这样看，这么想！

（2012年　五年级作品）

立春之暖

立春，就像闹钟，让冬眠的动物醒来。此时，立春又缓缓地来了，遍布这片土地上的每个角落。

阳光轻轻的照在河堤上，迎春花只感到身上一阵暖洋洋的，一个冬天的寒冷全部烟消云散，她动了动嫩黄的眼皮，睁开蒙眬的睡眼："现在几点了？立春到了吗？"当她看到自己金黄的裙下急着钻出的绿叶时，她明白了：立春已经到了！她轻轻地摇了摇自己苗条的身子，晃了晃细长的枝叶，抽出了嫩芽儿，绽开了花苞儿。

阳光缓缓地落在草地上，小草蛇只觉得眼前一亮，阴冷的洞穴里马上暖和起来，他扭了扭翠绿的身子，打了个哈欠醒了："现在几点了？立春到了吗？"当他瞧见自己快要蜕皮的身子时，他明白了，立春就是现在！这时，正好有一只虫子从土中爬出，还迷迷糊糊的，一副刚睡醒的样子，他舌头一伸便捉住了它，吃了第一顿饭，又游出洞，享受这第一缕春光。

阳光静静地照在树洞里，棕熊感到太阳照在了他的身上，使他禁不住睁开了眼，晃了晃硕大的头，赶走了瞌睡虫："现在什么时候了？立春应该不远了吧？"当他看到树下蜂巢里又流出金灿灿的蜂蜜时，他明白了，立春已经开始了！他伸出长舌头舔了舔蜂蜜，又在树上蹭了蹭他那痒了一个冬天的背脊。走出了森林。

阳光慢慢地落在了墙角边，花鼠的背上一阵暖和，她冻了一个冬天的毛又轻柔了起来，她揉了揉小弹珠般的眼睛，也醒了："现在什么时候了？立春

到了吗？"当她听见肚子"咕咕"的声响时，她明白了，立春早已到了！她飞快地跑向狗蛋家的粮仓，双手捧起白米，狼吞虎咽地吃了起来。吃完了，又蹿向油桶，舔了几口油。

立春，让天上多了五彩的风筝，地上多了孩子的笑语。而风筝和笑语又增加了立春——这位吸引所有生命的精灵，她的魅力。

而立春的使者就是太阳，它温暖了植物：玉兰、迎春、桃花……也温暖了动物：棕熊、青蛙、老鼠……可更重要的是它温暖了所有生命的心。

（2011年　四年级作品）

春到田野，很暖

阳光照耀的地方，便是温暖所在的地方，我将继续找寻，随时记录。

——题记

"**哇**！好大一片油菜花。"在清明时节雨纷纷的假日，爸爸带着我和妈妈一起去富阳看油菜花。

那儿到处是一片金黄，我们忍不住在一个美丽的小山坳里停了下来，我和妈妈跳下车，拿起武器——剪刀，奔向战场——油菜花田。

我们一家小心翼翼地走在田埂上，生怕掉进了花田，我时不时地摘下几朵小野花插在头上，不过这并不是我的主要目的。

转过一个弯，我眼前浅绿色的田埂一下就变成了深绿色，那上面长满了一蓬蓬生机勃勃的野葱，它们像拦路虎一样，嚣张地霸占了整个田埂。我轻轻地扒开杂草，看到了像银丝一样又白又嫩的根，于是我拿起剪刀，小心地把葱剪

阳光照耀的地方，便是生命延伸的地方

下放进竹篮里。正在我干得热火朝天的时候，两只小狗从我背后窜了出来，它们一看见我就逃走了，我也被吓得不轻。爸爸哈哈大笑说我是"叶公好龙"，因为我平时经常央求爸妈给我养个宠物狗，愿望一直没达成，以至于只好声明我自己就是一只"姜小狗"，来画饼充饥。

我逃到别的田埂上，妈妈正在那里剪马兰头，那可是我的最爱。妈妈对我说："把那条田埂上的葱剪完吧。"于是我又开始继续奋斗，一会儿那条田埂又从深绿变成了浅绿——葱都被我剪完了，我的小竹篮也变得更沉了，妈妈也剪了整整一大袋马兰头。

我们又来到了一个小野竹林，那儿的笋娃娃也已经探出头来了，于是它们也成了我的战利品。在马路边，我还找到了一种像麋鹿角一样的植物，妈妈说是芥菜，可好吃了！我又把嫩芥菜塞进了我的竹篮里。

咦！奇怪，爸爸到哪里去了？"咔嚓，咔嚓"原来他一直躲在花丛中在偷拍我们挖野菜呢！

我看着装得满满的小竹篮，一阵喜悦油然而生。

这一个春日暖阳下美丽的一天，我们的收获，留在了竹篮里，留在了餐桌上，也留在了爸爸的相机里，更是永留在了我们的美好记忆里。

阳光照耀的地方，便是温暖所在的地方，我将继续找寻，随时记录。

阳光照耀的地方，便是快乐所在的地方

（2011年　四年级作品）

春到校园，很暖

春天近了，大地上每一个生长着花木的角落都得到了春的信息，我们的校园，也充溢起了勃勃生机。

走入操场，到处是苍老的溪沟树，五层楼高的水杉，刚吐出"翠珠"的黄杨，最引人注目的，还是围墙边初放的玉兰。那玉兰只有稀松的四五朵，都挺立在枝头。可它们错落有致、有高有低。那玉兰的白，是一种无法形容的美，像故宫无瑕的汉白玉，像天上轻柔的白云，像不着一丝墨痕的纸张。近看，如一片片白玉花瓣合在了一起。远瞧，还以为一朵朵洁白的荷花飞到了枝头。孤傲而优雅。

转到中心花坛，一抬头，便是几丛绿叶茂盛的迎春花。可走近细看，便会发现绿叶丛中还藏着几点金黄，那——便是有些心急的迎春花开了。那迎春花好像点点金色小星星，一颗颗挂在翠绿的叶丛中，被绿叶衬托得更加显眼。有时刮来一阵微风，小花儿就左右摇晃，令人错觉这些小东西会纷纷落下，下一场花雨。

可风过了，那小花却完好无损，继续绽出笑脸，迎接我们每一位走过的师生。

走近小操场，眼前又是一片别样的景致：高高低低、缠成麻花状的紫藤，一丛丛翠绿的青竹，结着一个个小绿豆子的大树；一小块种着瓜果的菜园……在这儿，最令人流连忘返的还是夏天：瓜架挂满了大大小小的黄瓜、丝瓜；一串串紫白相间的紫藤小花也挂下来，在你眼前晃

动，有时中间还闪着一个个豆荚。可爱极了！

竹子和大树下都有大片的绿荫，坐在那儿看书，别提有多舒服了！

我爱校园，爱校园中那个"小小的大自然"。

（2011年　四年级作品）

妈妈手记　**打春**

　　2010的冬天特别冷，平心静气地回想，许多人在每年都会感叹："今年真冷！"但这年冬天真的是特别冷。那冷似乎紧紧地追随着你，冷得让你无处遁逃，穿上密不透风的羽绒服，还忍受不住脸与空气的亲密接触。晚上钻进被窝，只露出一个鼻孔出气，不过不是像鲁迅在日本宿舍一样为了避蚊子，而是为了躲开无处不在的冷气，在被窝里面的身体，则久久地呈现胎儿状蜷曲着，不愿伸展开来。

　　可是，冬天，真的是说过去就过去了。岁序更新，天律即始。正月初一醒来，阳光很好，映着窗前昨晚与女儿一起张贴的"福"字，分外鲜红，心情很好。"新春新春"，果真是春啊。过了年三十，季节就变了一个。"今日立春，我们这里叫打春，鞭炮声从子时一直响到现在。"随意阅读微博，才发现原来今日已是"立春"。

　　立春到了，气温就回升了，似乎听得到生命苏醒的声音。这中国老祖宗的节气真是让人佩服啊！

　　初三，立春的第三天，最高气温又上升10度。就这样，每天以10度左右的速度连攀了两天，睡在厚羽绒被内已觉热得有点黏糊糊的。

　　2011的春，真的来到了。

多味书屋

Duo wei shu wu

那些隐秘而甜蜜的时光

自从那一条卷曲的灰鼻子，两根洁白的长象牙进入我的视线，我的第一本书《小象长牙牙》便进入了我的生命，注定了我与书的不解之缘。

因为书，我变得"馋嘴"了。每天一放学，我就冲着老妈喊道："老妈，我要喝酸奶，我要吃水果。"接着就奔向餐桌。当然啦，醉翁之意不在酒，肯定要"捎"上一本书，吃的时候，我的"精神食粮"和"物质食粮"比例是9：1，而最后，我总是在老妈一声"威震山河"的"河东狮吼"声中，快快地放下我的"精神食粮"。

因为书，我变得"贪睡"了。每到双休日，自小就不贪睡的我，却总要等到太阳升得老高才"起床"。原因嘛，当然是"书"这个"罪魁祸首"。可有时，我晨读的秘密也会"遭遇不测"。因为，我的房间"断粮"了。便只好小心翼翼地光着脚，在"反动派"的"高压管制"下，进行地下工作——去书房取书。可有一次，我却被"反动派侦察兵"——老妈逮个正着。我连忙急中生智，揉着眼睛，打着哈欠对老妈说："妈妈，我起床了。"

因为看书，卫生间成了我的"故地"。每天作业一做完，我便溜进卫生间，坐在马桶上，手里捧着的必定是我在卫生间的"储备资源"——书。有时候过了半个小时，见我还没动静，老妈会对着卫生间再来一次"狮吼功"："又躲在厕所看书，赶紧给我出来！"我故作镇静地向"上级"汇报道："快了，快了！马上，马上！"可心里却一阵得意：怎么着，在这片特殊的领地，管不到我看书了吧！

看到书柜里珍藏的那本《小象长牙牙》，我就想到我的那些偷读的日子，那些甜蜜的时光……

（2011年　五年级作品）

永远的草房子

"明天一大早，一只大木船在油麻地还未醒来时，就将载着桑桑和他的家，远远地离开这里——他将永远地告别与他朝夕相伴的这片金色的草房子……"

在淡淡的墨香中，醇厚的泥土气息扑面而来，这就是我所喜欢的作家曹文轩叔叔的代表作之一——《草房子》。

书中用小男孩桑桑刻骨铭心的六年小学生活经历，串起不幸少年与厄运相拼的悲怆与优雅，残疾男孩对尊严的执著与坚守，垂暮老人在最后一瞬所闪耀的人格光彩，在死亡前对生命的深切领悟……

这一切清晰又朦胧地展现在少年桑桑的心灵世界里。一年级时，班上小秃子陆鹤的自尊心从有到无；二年级班里转来神秘女孩纸月，在排练《红菱船》时，白雀和蒋一轮又生出了扑朔迷离的感情；三年级，秦大奶奶从固执倔强转变成了助人为乐，八十多岁的她还冒险救起小乔乔，可她却因为一个落入水中的南瓜而淹死了；四年级，村里最有钱的杜小康家，突然在一夜之间一落千丈，杜小康不得不和父亲到遥远的芦苇荡里放鸭；五年级，和蒋一轮相爱的白雀，因为固执的父亲，不得不嫁给别人；六年级，放鸭的杜小康回来了，他一不小心让鸭吃了一池塘的鱼苗，别人拿走了他们所有的物品。这时，桑桑也得了一种几乎是绝症的病，最终被一位老人治好……可是由于父亲的工作，桑桑又要离开这片美丽的油麻地，但是草房子在桑桑心中是永远的。

或许你是位铁石心肠的硬汉子，或许你是个温柔善良的小姑娘，但是，你看《草房子》后一定会感叹真情的可贵。小孩子能从书页中找到童趣，中学生能从文字中读懂友谊，青年人能从作者的深沉叙述中感受到命运的曲折与艰辛，就连白发的老人，也可以从书中读到生离死别的悲哀。"荡漾于整部作品的悲悯情怀，让我们这些于尘世间日渐冷漠的人们从心底里升起几缕温暖。"这是我偷偷看到妈妈备课本上写的话。

让我们一起走进那成片的、金黄色的草房子，和主人公桑桑一起感受人间的真情吧！

转眼间，我又沉浸在了扑鼻的书香中。

（2010年　四年级作品）

走近那成片的，金黄色的草房子

蜿蜒石溪，生命记录

石溪的水，穿过弯弯曲曲的小径，聆听自然的呢喃；石溪的波，挺起胸膛，瞥见牲兽的搏斗。而石溪的书诉说了密林中的悲欢离合，用真情记录了一个动物世界的作者是——沈石溪。

为什么要读沈石溪？因为，他是最公正的，他绝不袒护哪一方，也不会贬低另一方。还有，他能让你读懂动物的心，读懂那充满野性的动物心中，最深处的一丝涟漪。但说他的书是镜子，不准确，因为镜子的左右是相反的；说他的书是照片，也不准确，因为照片上的它们没有一丝动态。

小时候，看惯了狼和小羊，看惯了善良必定战胜邪恶。但是当我读完沈石溪的《血顶儿》时，我破天荒地没有在难受的时候号啕大哭。"为什么？血顶儿明明是好的嘛……"第二天，妈妈说："赶明儿让爸爸带你去西海大峡谷探险，去看一看你晚上梦中的'闪电岩'、'盘羊'吧。"

流淌到你心中，带着生命的真实与感动

上了小学后，我却有些不敢阅读这些经典，紫岚三代的狼王梦，白眉儿无奈的长吠……时刻萦绕在我的心头。因为如果在学校里，我一定要把头埋进书中做沉思状，等眼睛的红丝退去。在家里，早上老妈必定会拎着被梦中的泪水湿了一块的枕巾笑骂道："多大的人了，还流口水。"更重要的是，每读一次，我的心便会多一条痕迹，为书中的事儿，也为心中涌起的东西。

沈石溪的书，不可能像小白兔与大坏狼一样，他要的，只是一个平静而真实结果。有的，只有一句话："母狼掏出了羊心，吃了。想，味道还挺不错。"这么不加任何描写的一句话，在词句描写细致入微的一篇文字中，显得那样突兀，却在一刹那击垮了读者的心灵。

石溪，只要你不去阻碍它，它便会流淌，流淌，流到你心中，带着生命的真实与感动。

（2011年　四年级作品）

震动河山的一抹红

在那茫茫草地上，一抹鲜艳的红由远而近；在那荡荡戈壁间，一抹雄壮的红映入眼中；在那皑皑雪山上，一抹飘逸的红衬得蓝天热乎乎。

那一抹红，那一面旗帜，长征的旗帜，一针一线织进了多少故事，织进了多少英灵，织进了多少鲜血。

金沙江畔，一队红军战士夺下了江边敌人的营地，又找到了几艘船。一部分军队渡过以后，对岸竟然还有一座碉堡，那时，一个年轻人自告奋勇，炸飞了敌人的桥头堡……那一次血战金沙江，红军大获全胜。

金沙江畔，那一抹红越来越近，后边，是凶残的敌人。敌人的子弹像骤雨般飞来，江面被激起团团水花。可江边，竟然全是一片沙石，没有一艘渡船！在这铅弹横飞的江边，战士们急得团团转。这时，一个小棚子的门打开了，一个年轻的艄公钻了出来大声喊道："船在江下的沙子里！我渡你们过去！"夜晚，在他和他兄弟的帮助下，大部分的战士都渡过了江……现在向老人提及这事，他的眼睛就笑得眯成了一条缝，大家仿佛看到了当年英姿飒爽的他，看到了那一抹红。

让我们记住他，老人的名字叫张朝满。

遵义城外，一队军马正准备冲锋陷阵，队伍中挂着的还是那一抹红。正当指挥官准备吹起冲锋的军号时，城门突然大开，农民们押着在城里负隅顽抗的敌军指挥官，挥舞着红军的旗帜，邀请红军入城。红军入城后，找了两三幢空房子住了下来，第二天一早，门口就围着一群捧着鸡蛋水果的农民，说是要给为他们报了仇的红军补补。那一天，城里所有贪官大院都被攻破，红军足迹踏过，遵义便成了红的海洋。

每一场革命都有自身的传奇，中国的长征不仅仅是革命精神的象征，更是人类伟大的史诗一篇，我愿取这篇史诗的名字为"长征·一抹红"。在这一抹红的感召下，我们争做勤奋进取的"四好少年"！

（2011年　四年级作品）

妈妈说

一直以为长征离我们很遥远，遥远得妈妈都不愿去阅读这一类题材，感谢你的乖巧耐心，总是认真完成学校布置的每一件事情，这次以自己直观的解读带我们认识了《长征，闻所未闻的故事》这本红色经典，以自己独到的想象带领我们重温长征的惊涛骇浪，用你那纯洁的眸子带着大家去寻我，寻我陌生的时代里那熟悉的丝丝人性光辉。

那一抹红

祖国感谢你

《我爱我的祖国》，多么朴实而又亲切的一个书名，"宝贝，仔细读读哦，里边有很多咱们中国的骄傲呢！"妈妈边做着家务边关照我。

于是，用了暑假一星期左右的时间，我沉浸在《我爱我的祖国》中，我被深深地吸引了：那隆重的开国大典；那壮观的大庆油田；那威力无比的原子弹；那璀璨的明珠香港；那激动人心的澳门回归……

最后，我的双手停留在了第89页的文字，我的视线定格在了《"甲肝克星"毛江森》。文章介绍了甲肝疫苗的研制者毛江森爷爷的科学事迹，我被他一心为人类造福的精神深深地感动了。

当我读到"1988年，甲肝大流行，长三角深受其害……这种病对生命有极大的危害"时，我的脑海中不禁浮现出老百姓的痛苦惨状：医院门口排起了长队，从有些人家家里传出凄惨的哭喊声，人们出门都戴着口罩。哦，不！那时也许没有时髦的口罩，那就是包着手帕头巾之类吧！

文章还写道："杭州近郊的袁浦农村甚至有41%的人患黄疸肝炎，有的一家五口全被感染。"读到这里，我真是全身直冒冷汗！听妈妈说过，袁浦，就在我们西湖区，在我们的家门口啊！如果不是毛江森爷爷后来研制出了甲肝疫苗，后果真是不敢设想啊！

"为了调查甲肝患者的样本，每天早晨，毛江森上班的第一件事，就是到郊区农民家和医院，收集黄疸肝炎者的粪便，一小包一小包地装入塑料袋，带回实验室研究，希望从中分离出甲肝病毒。当时收集的粪便足以装满两只大冰箱……"

当我读到这一段时，我又忍不住想象当时的情形："那种粪便的恶臭肯定不是一般人能忍受的吧？有时太难受了，可能还会呕吐吧？毛爷爷的手也会经常碰到那些粪便吧？……"可毛爷爷还是坚持了一年又一年，专心研究了十年，终于成功研制出了甲肝疫苗。

如果没有解救人类的信念支撑，毛爷爷做得到那样吗？

书本读完了，可毛江森这个了不起的名字却深深地烙印在了我的脑海中。

祖国母亲感谢您——毛江森爷爷！

（2011年　四年级作品）

别拿诚信开玩笑

2010年的冬天特别冷，那寒意处处包裹着，似乎要浸没到你的骨髓里。窗外，刮着大风，还下着淅淅沥沥的冰雹子，偶尔传来一两声猫儿的怒叫声，大概又是被前一场积雪块砸中了……然而这些寒冷和嘈杂都不能打搅我，因为此时的我正沉浸在浓浓的书香里，我细心地阅读，静心地思索，沉浸在手中捧着的《做一个有道德的人》当中。

书并不厚，但那生动的插图、精彩的小故事、传神入木的描写……都让我迷恋与深思。

书中，唱着歌的藏族小男孩，坐在轮椅上的金晶，在队伍最后读报纸的列宁，面对猎人含泪下跪的羚羊妈妈……一个个神态各异地走进我的心房。小男孩虽不幸遭遇了大地震，但依然镇定地管好自己，还帮助别人，而有的人却只是碰上一点小困难便手足无措。金晶面对"藏独"分子的狰狞，毅然无惧地用身体护住了可能会灼伤她的奥运火炬——因为神圣的责任。而有的同学连书包也成为他们极不情愿的负担，一出校门就迫不及待地将书包扔给来接他的爸妈或爷爷奶奶身上。与书中的主人公相比，我们身边的小公主们小皇帝们都会觉得脸红吧？

书中的插图，又何尝不是现实的描绘呢？有人常倒掉大碗大碗的米饭，不知道农民的辛苦；有人家遇大小喜事，本来是值得庆贺，但是不拣地点大肆乱放鞭炮，忘了环卫工人弯腰劳累的辛苦；还有人闲得无聊，爱在别人背后说人坏话，不知道对别人的伤害……

薄薄一书的字字句句，我印象深刻的，还有那留学美国博士的一句感慨："别拿诚信开玩笑，一次也不要！"虽然美国车站没有任何检票，但是社会却不给你一点逃票的机会。如果你逃票一次被发现，那么你的诚信记录就被破坏了，那个美国留学生正是因为这个原因找不到好工作。看来，无论在地球的哪个角落，诚信，都已渐渐成为人们的生存之本了。

　　做个有道德的人，记住"别拿诚信开玩笑，一次也不要！"这句发人深省的警告吧！

（2010年　三年级作品）

印象宛谕

　　双乌黑的大眼睛，不是一般的大。柔和的瓜子脸，粉红的唇齿间不时蹦出亮亮的笑……吴宛谕——这个名字随着《名篇伴我成长》的出版，她油亮的羊角辫又在各个场合跳动了起来。

　　吴宛谕，一位姐姐似的朋友。她家就在我家隔壁，和这么一位已出版了数本作品的大作家咫尺相邻，我难免有些紧张。可她却是经常来找我打羽毛球，我不会发球，她手把手地教我，她就是这样的一位邻家大姐姐。但吴宛谕在书中的感言，却似一位哲人，把她从这些故事中读懂的道理，慢慢与你我叙来。

　　吴宛谕，一个细致的小姑娘。她的家，我曾经去过，走进她的房间，我惊叹不已。所有物品都摆得整整齐齐，每一本书的书脊都标上编号，分门别类地在自己的位置乖乖地待着。吴宛谕在书中对故事的感想也十分独到，我们只能看到诸如勇敢、坚强、爱心和友谊，她却总能在这些简单故事中，独具慧眼得出独特见解。

　　吴宛谕，一个可爱的小画家。她在书中的插图，没有一幅不是栩栩如生，有的只要看她的插图就能明白故事的道理。她曾经手绘了一只可爱的小老鼠造型，现在已经在我们的英语班上流行开来，几乎每个人的本子上都画着它。

　　吴宛谕，一个美丽的小公主。每一篇感言边上都有她的一张照片，照片中的她，不是穿着凉鞋坐在路边，就是披着白裙抱着花篮……这些俏皮灵动的照片穿插在大片的文字中，仿佛是文章之魂、书之精灵。

　　已经有好久没有碰见她了，但是在《名篇伴我成长》的字里行间，我又看见了那油亮的羊角辫，明亮的大眼睛，可爱的大门牙，特别是一个充满哲思的大脑袋。

（2011年　五年级作品）

复恐匆匆说不尽

"洛阳城里见秋风，欲作家书意万重。复恐匆匆说不尽，行人临发又开封。"这是唐代诗人张籍的《秋思》。

洛阳已是秋风瑟瑟、黄叶萧萧，凉风吹过，树顶的黄云微拂着，落叶飘下，漂浮在树下的水池中。

他背着斗笠，凝视着水中自己的倒影，那被秋风吹起的衣衫，显得格外空荡。又一阵风吹来，水面被打碎了，人影也不复存在。他又抬起头，望着那深蓝色的天空中飞过的一队大雁。

秋思，涌上他的心头。

他坐在书房中，听着窗外的阵阵松涛，提笔在纸上写下了"致吾儿"三字，可脑中似有千头万绪，不知从何下笔又从何收笔。桌上的小鼓和红头绳，是给家中的幼女买的，但不知要等到何时才能见到女儿打着小鼓的嬉笑。

笔已蘸了墨，却停在半空之中，因为他不知道那小小的信纸能否盛得起他的心。小书童已把桌上的清茶换了七八道，可他仍然在伏案疾书。

终于，在天色将近时，他走出了书房，手中持着那封信。突然，又停住了。他皱了皱眉，这一封家书真的写出了他的全部嘱托、全部思念吗？他又走进书房。转眼，信笺又多了三张。

捎信的李叔已将白马套上辔头，马儿却又俯下身来悠闲地吃着草。因为李叔又被叫住，他还是觉得信没有写尽他全部的叮咛和思念，又一次拆开了信，夹上一片黄叶，填上几笔秋思……

（2010年　四年级作品）

雪天喜遇 "周树人"

大雪中，期末考后，爸妈带我出去吃饭，在翠苑四区那家"豪尚豪"牛排附近，正当我们急切地冲向牛排馆时，忽见一身雪白的"周树人"先生正在旁边一家食堂的走廊里望着我们，似乎像他的藤野先生那样"正要说出抑扬顿挫的话来"。但这周树人可不是女娲用树枝创造的，而是饭店老板拿菜刀，用今年的第一场大雪创造的哦。不过，好像戒烟了，呵呵，合个影吧！

（2008年　二年级作品）

来，合个影吧！

水之启示

正逢菊花争艳的季节，爸妈带我去了植物园的菊花展，可在千姿百态、各具光彩的菊花之间，吸引我的，不是花，而是静静流淌的溪水。

植物园中的一条小溪，流淌在青草绿竹间，在千万朵菊花中，是那么不起眼。但其实这绿地、这鲜花，正因为有了这小溪，才有了它们的灵动与鲜活。

尽管如此，仍是少有人在溪边驻足。

水，悄悄地、柔柔地流淌着，碰到横在溪边的拦路石，也不会飞起水花，只是绕其而过，顺着带走石上的棱角，一日日，让石变得圆润光滑。它本完全可以打着波浪，从石上盖过，但它选择了平静，让一块块原本乌黑丑陋的岩石，经打磨后，变得美丽。而打磨的工具，就是水自己的身子啊！

一阵风摇曳着菊花柄，花瓣落入水中，这时，水本完全可以一个浪头将花瓣吞没，"报答"平日里抢它眼球的菊花，可它接受了落在它手中的事物，只是轻轻地托着花瓣，流向远方。

在秋天，一个如此干燥的季节，水让自己被吸入泥土中，滋润大地，流到林中，哺育万物，使得原本枯黄的季节有了绿意，而它自己却被太阳晒干，消失在世界中。它自己只是默默流淌，从不张扬。

小溪，还在流向远方，带着沉思，带着启示……

（2011年　五年级作品　考场作文）

品雨

雨，从不打扮自己，身上没有一朵花，一丝纹，可雨，让我喜爱。

春天，雨无声无息地落下，唤醒大地，把人们从严冬中带出，让小草沐浴，给小花解渴，真是"润物细无声"。

夏日炎炎，大雨忽然间从天而降，这可乐坏了鸡，笑坏了蝉。树贪婪地汲取雨滴，小孩们用她洗澡，大人们扯下用她浇灌的菜叶来为宝贝们增加营养。

秋风吹过，小雨轻盈地飘落，让干渴了一个夏天的谷物洗个澡，喝杯水，让蔬菜们除去身上的灰尘。给农民伯伯鼓劲，让他们在秋天有好心情来收割。

冬天，雨挽着雪的手从空中飞下，先为雪洗好路面，让雪更加白净，让玩雪的人更尽兴。让孩子们可以在干净的雪地里打滚。

你喜欢雨吗？

（2010年　三年级作品）

妈妈说

2010年07月31日，暑假的一天，女儿在本市《都市快报》上读到了《几百个血脚印！不是凶杀——上海一个送奶工脚受伤后坚持送奶失血过多昏迷了》的报道，心痛不已，向我感慨良久，回头进书房写下此文！

牛奶与血

看到牛奶，我们想到的是纯洁、美味、欢乐。而血却让我们想到恐怖、暴力、丑陋……但一个个血脚印把它们串到了一起。

天昏昏沉沉的，只有远处的山顶泛着白光，在小区的小路上，有一串长长的血脚印，那是一位敬业的送奶工悄悄留下的。

那天凌晨三点钟，他准时起床，到公司领奶，开始了一天的工作。接着，骑着一辆破旧的自行车，穿梭在城市中，把城市唤醒。

又到了一户人家了，他拿起几瓶牛奶，小心翼翼地向那几个他早已记熟的奶箱走去。突然，他的脚感到一阵阵钻心的刺痛，他蹲下来看了看，发现是一小块玻璃扎进了脚里。他不以为然，拔出玻璃继续走。他没有意识到，玻璃扎得很深很深，更不知道，他身后已留下了一串血脚印。殷红的血印，在晨风的吹拂下很快凝固了。走了一段路，他痛得不行了，扯下了一块外套包扎。可过了一会儿，他觉得包了外套走得慢，怕耽误时间，干脆解下外套，一瘸一拐地往前走。他走过的路上，血脚印更深了，更红了，似一朵朵怒放的血色木棉。

他一路走，"花"一路开放，他的头越来越沉，突然"扑通"一声栽倒在"芬芳"的"花丛"里。

他被人发现，送到了医院，经过一番抢救。

他终于醒了，诊断结果是失血过多，右脚脚筋几乎全断了。验查时，他还不停地说："我不送奶的话，那些顾客就没奶喝了！"他高尚的品行，敬业的

精神都包含在这句话里。

　　不只是送奶工，还包括所有的邮递员、送水工。当我们喝着香甜的牛奶，看着精彩的报纸时，我们想过吗，这时有多少汗湿的衬衫，在烈日下喘息？

（2010年　四年级作品）

小·保姆 姐姐

太阳像个火球一样挂在天空。外面已是酷暑，可在最热的下午两点整，门铃还是准时地响起了。一定是那位姐姐啦！我打开门一看，白色的短袖，牛仔裤，打着一把红阳伞，果然是她，就是那位靠自己打工赚钱来交学费的姐姐。

现在我们习惯于衣来伸手，饭来张口，整天躲在空调房里吃冰激凌，偶尔没开空调就浑身不自在。可这位比我们大不了几岁的姐姐却要在闷热的夏日里到我们家和另外一家做家务。

只见她一进门，就进了卫生间，把一大堆衣服浸湿，吃力地搬上台盆，整整洗了一个小时，她的手被浸得又白又皱，额头上满是豆大的汗珠。

接着，她搬着衣服去阳台，阳台上，晒衣服的铁杆仿佛被火烤得嘶嘶作响，她的手一次次频繁地接触铁杆，马上那苍白的手就被烫得发红。

她又去厨房做饭了，今天几乎都是炒菜，猩红的火苗呼呼地蹿上来，还有锅里冒起来的油烟，都使得这个不通风的小房间变得更加闷热。妈妈一次又一次关切地说："歇歇吧。"可她却擦了一把汗，腼腆地说："不用了，谢谢阿姨。"妈妈就把风扇搬到她的后面。

她要回家了，这时我注意到她每天来都穿同一套衣服，也许是晚上洗洗，晒干后白天继续穿吧。

她顶着烈日走出了门，我看到她不一会儿就汗流浃背了。

我曾经很纳闷地问妈妈："为什么你要选这个没有经验的小姑娘呢？"妈妈反问道："人家那么勤劳，我们能给人家一个机会不好吗？"

我从妈妈身上看到了善良，从姐姐身上看到了勤劳，我以后要做一个又善良又勤劳的人。

（2010年　四年级作品）

票·家

车票，就像一片金叶，在远行者心中，格外贵重。

车票，就像一对翅膀，带领那些劳累奔波的鸟儿，归巢。

车票，就像一阵微风，把打工者心中的愿望送到远方的故乡。

车票，虽只是小小的一张纸，上面印着"杭州到武汉"，"北京到山东"，"上海到长沙"……

可它又像一根无形的线，牵住那些迷途的鸟儿，把他们带到这个世界最温暖、最温馨的地方；不管你是成是败，都不离不弃，展开双臂等待你的地方——家。

（2010年　四年级作品）

根的迁移

亲人在的地方，便是根迁移到的地方，也是人们生活希望和幸福的所在地。

—— 题记

穿过外来者居多的街巷，远远闻到一股酒香。循香发现前面一家酒坊，独家店面，简单狭小，显得那些酒坛子格外硕大厚重。一部分坛子外的白石灰已脱落，露在外面的瓦瓮被岁月之光磨得锃亮锃亮。五十来岁的老板正随意地整理随意摆放的酒坛。

霸气地掳走所有路人的视线的，更是酒坊门口的那个熏肉架：一个石臼，石臼里面燃着砻糠，上面架着木头，木头上面是几块黑漆漆的熏肉，正"滋滋"地往下滴油。萧山人觉得好奇，会善意地多看一眼，看后便是温暖地微笑，带着佩服和鼓励。

没错，那个熏肉架也彻底出卖了老板的"乡籍"，他是四川自贡人，来这儿整整十年，可讲一口地道的萧山话，因为城市化进展迅速，且酒坊地处长街入口，老板平时的"兼职志愿者工作"便是给久别家乡的本地人热心指路。

每年一月份，当一票难求的春运轰轰烈烈地开始时，有一些人却眯着眼、叼着烟斗，悠闲地坐在"家"门口晒太阳。

这"家"其实并不是他们从小生长的地方，他们的家，也许在很远的地方。但这些外来打工者，早已把这儿，他们工作了十几年的地方，看成了他们赖以生存的家。

十年前，大伯夫妻两人来到这个萧山集镇，租下了一个小店面，批发了几坛酒，经营起了酒坊，可他们当时用的是最普通的木门，招来了贼，被偷去了很

多酒。他咬咬牙，买了一扇最贵最牢固的防盗卷闸门，加上大伯和他老婆起早贪黑，苦心经营，生意渐渐有了起色。

冬日暖阳

继续前往，见到两位老人坐在老屋门口聊天。妈妈与他们攀谈了起来，两位高龄老人一位84岁，一位76岁，因为三个儿女全在这儿打工，两老就坐了三天两夜的火车从四川来到杭州与儿女们团聚。透过暗乎乎的木门口，依稀看得到屋里非常的整洁，洗得干干净净的碗，晾在窗台上晒着午后的阳光。屋里有一串串家制的熏腊肠，窗户上挂着红红的朝天辣椒干，那份艳红，让人感觉似乎咬一口就有火从舌头烧到喉咙。

"那就是我孙子，那只猫咪叫汪汪。"老爷爷伸手指着街对面，一位三四岁的小男孩在逗弄着猫咪。小男孩说旁边那只小狗，正在打盹，也是他们一家养的，却叫"咪咪"。

这个下午，闲逛在外婆家的萧山老街，我深深感受到了：亲人在的地方，便是根迁移到的地方，也是人们生活希望和幸福的所在地。

（2011年　四年级作品）

"淳朴"夜市

"**王**麻子无烟烧烤哦！""来看看机灵可爱的小仓鼠哦！""来杯香喷喷的奶茶！"……

暑假，我去城郊外一农村亲戚家，表弟说要带我去夜市。因为好奇，我就跟着去了，没想到这一去，还真让我切切实实地见识到了乡下夜市的"淳朴"。

一靠近夜市的街道，便望见一块硕大的招牌——王麻子无烟烧烤。细瞧，哈哈！确实是没有多少烟在他们的摊位上，再一看他们家的烟管，却是七拐八弯地伸到了隔壁的"阿娘烤肉店"边上。"阿娘"倒是挺大方，收留了"王麻子"的烟管，而自家的烟囱则也经过无数个急拐弯后高高地耸立在隔壁的水果铺之上……

走过了这片"油烟袅袅"的"无烟区"，我竟然听到了令我神魂颠倒的吆喝声："仓鼠，卖仓鼠啦！"我立刻跑过去，但马上又愣住了，这夜市咋一家比一家"淳朴"呢？

放在店门口最上面的是一个大笼子，笼子里多半是已经死了的小仓鼠，其余的也都只是在苟延残喘。一只可怜的瞎眼小仓鼠在津津有味地啃着长了毛的食物。老板能把这些笼子放在光天化日之下，真乃雷人也！另外一边的老板更是大方地指着一个仓鼠笼向大家介绍，笼里的仓鼠也都精干巴瘦，毛被泥水打成了一簇一簇奄奄一息了，但是老板似乎还在信心十足地自顾卖着呢。

而前方的好几家奶茶店也真是让我大开眼界。比如一家"美丽奶茶吧"，不大的柜台上摆满了一只只塑料壶，上书"橘子香精"、"苹果香精"、"柠檬香精"……边上还有一罐一罐"黄色素"、"蓝色妖姬"、"苏丹红"……一个小女孩跳将过来，递上三个一元硬币嚷嚷："我要一杯橘子珍珠汁。"店主马上

拿出一罐黏稠的浆料，加进去一勺红，一勺绿，接着手脚麻利地加入一大勺橘子香精，再倒上浑浊的水，又从一个写着"凝胶珍珠"的黄褐色塑料桶中捞出一勺珍珠，搅拌以后给了小女孩。

小姑娘捧着"橘子珍珠汁"欢天喜地走了，而老板的整个制作过程也丝毫不加掩饰，淳朴啊淳朴！

走出了夜市，我长长地吁了口气——总算走出了这个"淳朴"无比的"乡村大集市"。我觉得很搞笑，可心里又有一丝说不出的担忧。

（2011年　四年级作品）

竹王

春雨过后，小竹林里，泥土中的两棵小笋芽苏醒了，闻到泥土中湿润的气息，听见雨后竹叶的沙沙，它们不约而同地向上、向上。

几天后，第一株小笋被头上的几粒石子挡住了去路，它顶了顶，便不再努力，只是懒懒地想："过几天，雨总会把石子冲开的，到那时再说吧！"

第二株笋幸运点，没有碰到任何障碍，可当它刚冒出地面时，一块碎瓦片砸在它头顶的地面上，原本已透出一丝光亮的地下又变得一片黑暗。它原本想放弃，便停下累了几天的身子，沉沉睡去。

春雷又响了，这株小笋睁开迷迷糊糊的双眼，突然听见一阵鸟鸣，它的心仿佛被什么击了一下，猛地清醒了。它不顾腰酸背疼，又开始往上顶。此刻，它的心里只有一个念头：我要看见那金色的太阳！

时间一天一天过去，曾有多少好心的虫儿对它说："你还是放弃吧，顶不上去不说，累坏了可不值！"但它依然坚持。

终于有一天，小笋在夕阳西下时，顶起了那块小瓦片。

它幸福地看着日落西山，看着最后一缕阳光消失。

春雨，冲刷着它身上的伤口，它仿佛听见自己拔节的声音。

此后，春雨来时，小笋把根深深扎入地下，吸收着每一点养分，又把头直直顶上天，抢夺着每一缕阳光。

夏天，游人如云，总有不安分的孩子，捡起石子在他身上划刻，每每那刺骨的疼痛过后，他只能用自己的坚强去弥补伤口。又有多少笋、竹，就因为被划

刻后的疼痛与生气而枯黄了枝叶。

而此时，这株小笋，它却已是新枝！

秋日，别的竹子已不再生长，只有它依然努力把枝向上，把根向下。为此，它遭到了多少同伴的非议，有人甚至因为它的高度而讨厌它、冷落它、嘲笑它。但它并不理会，只是生长、生长。

此时，它已是新竹。

冬雪时，别的竹子都已冻得发抖，开始休息，小竹还倔强地立在风雪中，锻炼自己的耐力。它几次被冻僵了，但依然努力地迎着风雪挺立。

此时，它已有硕枝。

许多年后，在那个叫做"天目山"的地方，一片竹林中，有了一株巨大的青竹，人谓之"竹王"。

而当年的另一棵小笋，早已在沉睡中死去。

两棵小笋对生活的态度，告诉了我们：一味地抱怨不解决任何问题，而"坚强、乐观、努力"才是人生永恒的指路灯！

（2010年　三年级作品）

泰山压顶不弯腰

秋天的色彩

（一）

秋天来了，香泡露出了胖胖的小脸，就像树上挂满了小小的黄太阳。看！怎么月亮都跑到树上去了，而且一大串一大串的，原来是香蕉在向我们招手啊。看！那里的藤上，有一颗颗的黑珍珠，原来是一串串黑紫色的小葡萄。苹果树也挂起了小小的苹果，真红啊！

下雨了，小菊花撑起了可爱的小伞，黄澄澄的一片，真好看。我们走到枫树林时，枫叶轻轻地飘过，秋天，真美丽！

（2007年 一年级作品 课堂习作）

（二）

秋天悄悄地到来了，秋姑娘要给大地涂上新的颜色，可到底该涂什么颜色呢？她不知道。

于是，她来到了果园，问苹果哥哥："秋天是什么颜色的呀？"苹果们想了想，说："秋天一定是红色的，你看！我们都火红火红的，像一团篝火。"

秋姑娘又来到甘蔗前，甘蔗们像士兵一样站在地上。秋姑娘问："甘蔗姑姑，秋天是什么颜色的呀？"甘蔗慢条斯理地回答："要我说，秋天是紫色的，你瞧，我全身都是紫红色的盖纱裙呀！"

这时，下起了小雨，"叮咚，叮咚"雨丝落在了秋姑娘的头上、手上，凉丝丝的，真舒服。她连忙问："雨点妹妹，秋天是不是紫色的呀？"雨点齐声说："不是，不是，你可以看看呀，我们晶莹剔透，秋天呀，是透明的！"

梨树听到了秋姑娘的谈话，大声地说："不对，秋天是金黄的，你看我这身金灿灿的连衣裙，多美！"才不是呢！秋天是橘色的！"橘子大声嚷嚷。"不信你看，我的外套可是橘色的！"水果你一言我一语地吵开了。

哦！秋姑娘终于知道了：秋天，是五彩缤纷的！

（2007年　一年级作品　课文仿写）

花中仙子

我见过娇美多姿的梅花，深红似火的玫瑰……可令我情有独钟的，还是那摆在我家客厅里的花中仙子——水仙花。

当初我买它，只是想打发冬日寒假的时光。可没几天，肥厚的绿叶丛中竟冒出了一个个大小不一的"豆荚"，那"豆荚"就像要被胀破似的，惹得我真想给"小豆豆"们去换一件"衣裳"。

不知何时，那些小"豆荚"接二连三地破了，露出了洁白无瑕的花骨朵。那花骨朵宛如玉制的紧口杯，上面飘着层层薄纱，一根根花蕊伸出"杯"外，独具风姿。

又过了几日，那一个个花骨朵从含苞待放变成了欣然怒放。那层层叠叠的花瓣使劲向外展开，不仔细看，还不知道那些小花心也有妈妈在精心呵护它们呢！因为那雪白的花瓣下，还包着一片片鲜艳的黄花瓣，那些黄花瓣紧紧地挨在一起，肩并肩手拉手，仿佛在向我示威："你可别想伤害我的孩子！"

在那株水仙花前，我许下了新一年的愿望……

（2008年　二年级作品）

窗前的 含羞草

"滴答，滴答……"每一个雨天，我的窗前总有一个小小的身影在晃动，那就是绿色精灵——含羞草。

这株含羞草的样子十分奇特，靠近根部的地方长了许多小巧玲珑的叶子，就像一群刚出生的小宝宝。再往上，苍翠欲滴的叶子层层叠叠地围着"宝贝"，仿佛在说："谁敢靠近宝贝，我就对他不客气！"

每当傍晚，我总爱趴在窗台上，轻轻地对着含羞草说着悄悄话，说完了，我就轻轻地碰一下最大的叶子，看着叶子从又绿又大变得又小又细，希望烦恼也像叶子一样缩小。

刮风下雨时，一丝丝风从窗户缝里透进来，含羞草迎着风轻轻飘动，就像一个年轻美丽的姑娘穿着绿裙子翩翩起舞。下面一些紧密的叶子编织成了裙子，两根上举的枝叶成了又细又长的手，最长的茎成了骄傲的头，顶上三根又绿又小的嫩芽则形成了皇冠。

有时，我会忘记关窗户。那么，风雨一来，含羞草的叶子马上收成又细又长的几条，就像几根硬邦邦的铁棒，那架势就像要和风雨拼命。叶子一收起来，它茎上的小齿全露了出来，尖上闪着寒光，仿佛在说："你看，我有这么多的武器！你怕了吧？"接着，顺着风弯下她又细又长的腰，风大一点，她弯得低一点，风小一点，它弯得高一点，这样它就不会被折断。

每当这时候，我总会赶紧关上窗户。慢慢等外面风雨停了，含羞草的叶子也舒展开了，那时，它那苍翠欲滴的叶子则像一艘艘轻盈的小船，躺在枝条间，又似飘在空气中，有一种无法形容的美。

但愿这株美丽可爱的含羞草能一直留在我的窗前。

（2008年　二年级作品）

小·诗· 湖春

日映三堤月映波，

桃花山涧浣绫罗。

清溪流水鸣涓涓，

柳莺稍头弄歌喉。

（2011年 四年级作品）

童谣·水乡

水乡，有个藕塘；
塘里，有只小船；
船上，有个姑娘；
船头，一堆河蚌；

水乡，有个藕塘；
塘里，有个藕王；
藕上，有个娃娃；
白白又胖胖。

（2011年　五年级作品）

小记者大舞台

Xiao ji zhe da wu tai

一墙春联 满地福

闻着幽幽的墨香，沿着一地的红"福"，我们踏入了少年宫书法教室。一进教室，便进入了一个红色的世界，只见桌上摆满了裁好或未裁好的对联纸，或浓或淡的墨汁，"小书法家"们正在挥毫泼墨，一个个胸有成竹，一笔下去，轻重缓急、极有韵致。

原本在一旁指点的书法老师大概禁不住这种热烈气氛的感染，也亲自写起对联来。我忙凑过去看，只见老师拿起笔，蘸饱了墨，稳稳地悬肘，那一点一横一折，都像听了这位"清曲散人"指挥似的，乖乖地迅速组合成了一副佳联："山中虎啸新运昌，来年兔到宏图展。"

观摩了老师的示范，我茅塞顿开，也铺纸写起了我的第一副春联，就写简单一点的吧："年年皆如意，岁岁尽平安。"快完工了，正当我沾沾自喜时，突然发现了一个错误——我不注意排版，把五个字的对联算成了七个字的，以致写完后，下面还空了一大截地方。遗憾之间，我灵机一动，分别在两句对联下面添画了一个花瓶和一些祥云，又在横批上也配了一些如意图案。妙！一副"图文并茂"的"现代对联"就这样诞生了。

接下来，牛通社的师生们又兴致勃勃地写起了"福"字，楷书、隶书、草书、篆体……一个个活力四射的福字将一张张斗方的红纸点缀得喜气洋洋，一点不比买来的逊色。

这次的收获真不小：我不仅学了很多写春联的窍门，还求得了不少墨宝。哈哈，小商品市场的福字和春联，今年拜拜啰!

（2011年　四年级作品）

满地福

白堤上的脚印

在夏日湛蓝的天空下，在西子宁静的碧波中，一朵朵金色的桂花（第八届全国残疾人运动会标志）开遍了杭城的每一个角落。"残运会"这个名字将与杭州市市花——桂花一起，绽开在秋叶缤纷的十月杭城。

西湖边，一条条人行道上，青花石板格外分明，白堤亭子里跳早舞的人们都乐滋滋地旋转着，谈论着那朵朵金色的桂花，连环卫工人也说："哦，残运会，我知道！现在很多人都把残运会说成残奥会，这是不对的。"

而亭子对面的盲道，却在人们的笑声中悄悄消失了。断断续续的几处盲道，也成了一些人的"停车线"，亭子前的轮椅坡也不知所踪。白堤上的石板路，光滑得没有一点触觉，只有被晒枯的叶子，在台风"梅花"中，发出沙沙声。盲道呢？平湖秋月的台阶上，人们上上下下，宽敞得没有一点平滑的坡度，轮椅坡呢？

有人说，盲人看不见风景，不必要；有人说，残疾人出不了远门，不必要。可是难道盲人就没有听一听，闻一闻这个湖滨锦缎鸟语花香的权利吗？难道残疾人就没有享受一下杭州西子皓月荡碧波美景的权利吗？为什么？

天下谁人赏西子？You can,I can,everybody can!

愿桂花那舞动的花瓣、灿烂的笑脸在金秋的杭城更灿烂更美好香飘万里！

（2011年　四年级作品）

探访春节后最早行路人

正月初六，应该仍是合家团圆，欢度春节的日子，可是对有些人来说，却要背井离乡，开始一年忙碌的生活了。

才初六，汽车西站却已经热闹起来。

我们参加牛通社"探访最早行路人"活动的小记者们刚进入汽车西站，便被那里黑压压的人群气势震撼了。我们寻找着合适的采访对象。来来回回的人全都行色匆匆的，有的挎着一个笔记本包急速走过，有的拖着行李箱匆匆跑过，有的挑着竹扁担颤悠悠晃过。远处，几个大伯伯坐在陈旧的行李箱上，围着一起眉飞色舞的谈论着今年的工作。一个阿姨坐在台阶上，狼吞虎咽地吃着装在一次性饭盒里的面条。面条和饭盒中间套着一个保鲜袋，面条白花花的，没有放任何佐料，连一丝葱花也没有。可她吃得津津有味，也许这是她今天吃的第一顿饭。

坐在转角花坛边上休息的老奶奶让我对她产生了兴趣。老奶奶告诉我，她来杭州，是因为她儿子在杭州工作，没人做饭，过来帮忙的。平时去别人家做钟点工，中午回家给小孙子做饭。她又告诉我说，因为杭州对外来务工人员的待遇很好，孙子读书的问题解决了，儿子工作也很稳定，所以她没有什么压力，早上经常去西湖边锻炼锻炼，感觉自己就是杭州人。说完，一脸的幸福。

采访完老奶奶，我转身又看到一个大眼睛长头发的漂亮阿姨，她是萧山机场的服务人员。她说现在政府都提倡常回家看看，连今年的春节晚会征集对联都有：百善孝为先，常回家看看。可是现在的春节假期这么短，就算回家了也不能待多长时间，多希望假期能更长些。

（2011年　四年级作品）

采访手记

<big>最</big>尴尬：在候车室附近，我发现了一个正在休息的阿姨，便去采访她，还没等我说完，她就不耐烦地说："走开，我没空！"接着，头一摆，从口袋里摸出手机玩起游戏来。

最好笑：我在人群中找啊找，终于发现一个目标，得到他的同意后，便开始采访。他说他是来杭州工作的，我又问了一句："你在哪里工作？"我的本意是问他的职业是什么，只见他愣了愣，说"杭州啊！"这一问一答，把旁人逗笑了。

最得意：小记者A："谢谢你接受我的采访，这个礼物送给您。"小记者B"这包糖果也送给您。"老奶奶："不用，不用！这几个家乡带来的橘子送给你们。"

把采访变成被采访：小记者A："你能和我们聊几句吗？"阿姨："当然可以。对了，你们几岁了？""10岁。""你们一个寒假都在这里吗？""不，我们今天是青年时报小记者活动。""你们面对陌生的大人，不害怕吗？""刚开始，有点，不过……"这谁采访谁啊，哈哈！

（2011年　四年级作品）

雷峰塔外守夜人

"阿姨，请问您准备参加熄灯一小时活动吗？""叔叔，今天晚上的熄灯活动希望您参加！"在灯火通明的大都市里，一群小记者竟发出"熄灯一小时"这样不可思议的呼吁，可如果你看了报纸，就不会惊讶了，这是我与我的伙伴在宣传熄灯一小时活动呀！

宣传完后，我们便坐上老爸的车，马不停蹄往雷峰塔赶。我一下车，就直奔大门而去，可雷峰塔的管理人员却说："小朋友，这儿已经关门了！"我忙说："我是来参加活动的呀！""活动名单上的人已经进场完毕了！"听到这儿，我的心往下一沉：大记者叔叔明明说来了都能进去参加活动的，网上也没有公布参加人员的名单……

这时，里面，雷峰塔脚下传来了倒计时的声音，我便决定在雷峰塔外守夜。我一边紧盯着雷峰塔，一边在心里参与熄灯倒计时：10、9、8、7、6、5、4、3、2、1！顿时，眼前一片黑暗，"耶！"大家欢呼起来。

我立刻拿出手表，看着时间一分一秒走过，我想到这每一分、每一秒在我们的努力下都节省了几十、几百甚至上千瓦电量……

抬头看夜空，在城市的很多灯光不约而同熄灭后，二月廿二夜空中的星星，似乎更亮了。周围多了出门聊天的人们，在初春的和煦中共同守候。

正当我沉浸在节电的成就感中时，倒计时又响起来了："5、4……"我的心又激动起来。"3、2、1！"刹那，雷峰塔又亮了起来，它仍然静静地如沉稳的老僧一般远眺着钱塘江，保卫着西湖，守护着人间天堂——杭州。

在熄灯一小时后，雷峰塔似乎更亮了，而我虽然在料峭的春风中站了一个多小时，但我终于完成了一个守夜人的使命，又做了一回环保小卫士，以实际行动传达了低碳的理念。

（2011年　四年级作品）

暑期水空调调研

"昨天零时25分，浙江黄衢南高速公路江山市境内路段突然发生路基塌陷，形成一个直径8.3米、深6米的坑洞……具体原因需待进一步勘查和专家论证分析……"

"今天下午，杭新景高速杭千支线杭州方向17公里地段发生大面积路面塌陷事件，淡竹至千岛湖双向封道……"

听闻媒体的一篇篇报道，不难想象，地球已是怎样的千疮百孔。殊不知，大片江南城市之郊区路边的围墙上又是另一番景象的"千疮百孔"：水空调电话、小深井电话……一串串大红的牛皮癣，刷满高高低低、厚厚薄薄的墙壁，甚至路边厕所内的墙壁上也未能幸免，令人触目惊心。

如果说大大小小的塌陷是造成地球面目全非的表面原因，那么，这些墙上的标语广告便是地球千疮百孔的根本原因——水空调，又一个伤害地球环境的异类事物正在疯狂滋延！

因为每个水空调都需要一个深10米以上的小深井，而小深井的水则取自地表最脆弱的砂土层，大地失去砂土层的水，会更容易塌陷。而汹涌的暗河之水，却只是在空调的冷凝管里过一遍，便流淌在这些乡村城镇的大街上，成了无用的污水。

在拐角处又看到一个"专安水空调"的电话，打了过去，对方是个小伙子，很热情，不停介绍水空调的好处：价格便宜、使用不费电、静音……小伙子还不停地说，反正使用的是地下水，水费也不用交呢。说这话的时候，竟没有一星半点对我们所居地球的愧疚之意。

在萧山的千家万户，这样的场景仍在继续：在开了水空调的大客厅中，电

视上播放着各地的塌陷新闻，主人舒服惬意享受无比，而暗河之水，却在地上流淌……

（2011年　四年级作品）

妈妈说

水空调：用户家里打10米以上的小深井，抽水机从小深井中抽出地下水，通过专用水空调的冷凝管后，排出冷气，达到室内降温的目的，同时排出地下水成为废水。

没有提示，未见报道，水空调问题完全是女儿通过自己的眼睛与思考发现的一个正在风行的大问题，这之前，互联网上只见铺天盖地的水空调安装广告，未见媒体与专家的一字干预之文。这之后，2011年底，才在中国知网上读到了一篇《平原地区水空调的利用引起的地质环境问题与处理措施》的论文，其摘要中写道：平原地区"水空调"使用不合理，致使地下水资源严重浪费。同时引发了地面沉降，对城市防汛和人民生活等方面带来极大的危害。加强"水空调"的使用管理和地下水资源的保护，关系到经济社会与资源环境的协调发展。

这时，不禁暗暗佩服小女的人小心大发现问题之敏感。

"小记者北京勇闯两会"系列报道

"新闻中心" 初体验

说到CCTV，很多人都会想起中央电视台直冲云霄的高大建筑。可很少有人知道，在那高大建筑下还有一个全国的新闻中心——梅地亚中心。今天，我们小记者一行便去了那里面，进行"上岗体验"。

我们进门时候，里面正好在召开"全国两会新闻发布会"，只见记者们正在争先恐后地举手提问。只听中国新闻网一位记者问道：我们记得去年在大会期间，全国人大代表提出了数千条的批评、意见和建议，请问这些是如何办理的，是否会存在"走形式"的状况？

等新闻发布会一结束，我们12名小记者便开始四下里寻找自己的"猎物"。我的第一个目标是一位中国籍的俄罗斯阿姨。她虽然汉语讲得生硬，可她脸上那灿烂的笑容就是跨越了国境线也不会消失的温暖。

另一位记者吴庆华叔叔也接受了我们的采访。他表示，现在的提案都十分贴近民生，反映的也是真正存在的问题，比如一个提案是呼吁大家不要吃鱼翅的。我也深有同感，因为我曾看到一本书上说，现在有的渔船捕到鲨鱼后，为了节省空间，就残忍地活割鱼翅，再把鱼身抛回海里，让鲨鱼痛苦地沉下海底，在那儿挣扎着活活死去。

　　我采访完吴庆华叔叔后，却看见另一位大记者向我走来，开始了对我的采访，另一位摄影记者还对着我不停地拍照。哈，现在我成了被采访者了。

　　这次的"把字句"变"被字句"可真有意思！

（2011年　四年级作品）

做客新华社

春夏秋冬一年365天，每一天都有不同的新闻从全国最高的新闻机构——新华社出来。今天，我们小记者一行将去那里一睹真容。

进入门厅，一座座高楼出现在眼前：办公楼、综合楼、会议厅……每一幢都宏伟高大。最有意思的是，办公楼设计成了一支笔的形状，真是别出心裁。因为笔，就是记者们的奋斗工具呀。

转过一个拐角，眼前出现了一幢古老的大楼，讲解的姚姐姐介绍说这是民国留下的建筑，叫做国民议会大厅。大厅外墙上铺得厚厚的一层爬山虎特别引人注目，看上去应该有不少年份了。我忍不住提问："请问它建成有多少年了？100年该有了吧？"姐姐扑哧一声笑了说："小姑娘，你猜得可真准！今年正好是这大楼100周年纪念呢。"

进入大厅，满眼都是红色的软椅，听说当年袁世凯就是坐在这里开会的。这时，一个小记者的声音又响起："请问民国时候，袁世凯是坐在哪张椅子上的呢？"看姐姐那诧异的神情，似乎这个问题一下子也把她难住了，想了想她说："应该是最前面、最中间的吧。"

接下来，我们与新华社的许多名记者进行了热烈的座谈。原来做记者可不是那么轻松的事情，新华社的叔叔阿姨每天要通宵地采访，写稿子、发稿件，有的还上危险的战场采访。荷赛奖评委、新华社高级编辑、著名战地记者黄文阿姨就给我们讲了一段她在科索沃战场上的故事，听得我们直感叹。

她说她每次想到那段经历也会感叹：生命实在太珍贵了，在战场上尤为如此，因为谁也不知道下一颗子弹将会扑向谁。

所以，黄文阿姨给我们小记者的签名就是——"感谢生活，珍惜今天！"

（2011年　四年级作品）

199

近距离面对"小·百花之王"

轻轻敲了敲浙江代表团驻地西直门宾馆608房间的门，"稍等，来啦！"一个天籁之音从里面飘出，能拥有如此曼妙声音的是谁呢？她——就是全国人大代表、中国戏剧家协会副主席、浙江小百花越剧团团长茅威涛阿姨。

"她长得漂亮不？高不高？……"许许多多的疑问在我的脑海里交织。门开了，一个漂亮的年轻阿姨走了出来，和我们小记者亲热地握手，我这才发现我的手心全是汗。唉！还是有点小小的紧张。

但接下来茅阿姨的一句话却把我的紧张全打消了。茅阿姨说："我家有个妞妞，也和你们一样大，在杭州读四年级。"

面对我们连珠炮似的问题，茅阿姨反而显得有点招架不住，带队的大记者姐姐连忙整顿秩序，让我们一个一个提问。茅阿姨对温家宝爷爷政府工作报告中提到的"保证中小学生每天一小时校园体育活动"深有感触。她说，来北京前，她家妞妞就让她有机会的话转告温爷爷，让小学生们少做些作业。

听到这些我不禁暗自庆幸："茅阿姨，我们浙大附小可好了，每天作业总是控制在一定的量，学校活动也非常丰富，有科技节、艺术节、贸易节等等。什么时候我们的贸易节你要来淘宝哦……"我挨在茅阿姨旁边，逮住机会好好地炫耀了一把。"你真幸福！"茅阿姨用她的手轻轻地捏了捏我的小鼻尖。

晚上睡觉时候，总感觉一缕缕香气飘进我的鼻孔，让我睡得分外香甜。

（2011年　四年级作品）

夜访 "西瓜皇后"

汽车、飞机、地铁、汽车……各种交通工具轮番上阵，经过一天的拥挤和奔波，我们小记者一行终于站在了北京天安门广场上。气也没来得及喘上一口，就投入到紧张的采访中。

从两会会场回到驻地广安宾馆已是晚上八点半，只觉得唇干舌燥、两眼发黑、双腿发软。歇上十分钟，我们又在《青年时报》玫瑰姐姐的带队下，径直杀向五公里外的西直门宾馆，因为刚刚接到"战报"说有人大代表答应抽出时间接受我们的采访。见到人大代表，我的精神立马振作，每一簇神经细胞都进入了工作状态。嘻，这可是一名职业记者应有的基本素质哦。

接待我们的是浙江同乡，温岭市农业技术推广站副站长林燚。也许有的同学还不知道这四个火组成的字怎么读，但你一定品尝过松脆清甜的"玉麟"西瓜。

猜对了！人大代表林燚就是"玉麟"牌西瓜的培育人，那种薄皮、脆瓤、清香、甘甜的极品西瓜。

"玉麟"西瓜的栽培技术是林燚花了十多年时间研究出来的，当然，和"玉麟"西瓜一起走向全国的，还有富起来的温岭瓜农。

但是，"松脆清甜"的"玉麟"西瓜也未能堵住我的嘴，我一定要把来北京之前，从同学们中征求到的比较集中的问题抛出来。碰到这位农业专家，有一个问题可算找到了对象，那就是——"现在各个学校餐后水果的质量还不是很让人放心，请问在农业上有什么保障措施？"林阿姨认为应帮助果农建立"绿色种植"的观念，从各个生产环节控制农药及化学物品的使用等来提高水果质量。看来我们吃上绿色水果的那一天指日可待啦。

随后，我又逮住机会问了一个比较宏观的问题："林阿姨，你觉得现在我

国的农业产业还存在着怎样的缺陷？"林阿姨不愧为视农业建设为己任的专家，不但没怪我的难题太大，还直夸我问得好。她详细地从培育、种植、监管、营销等渠道对这个严峻的问题作了分析。

林燚，我记住了这位以"西瓜皇后"著称的黑土地耕耘者！

（2011年　四年级作品）

采访两会中的英语老师

这次采访，接触了许多各界名人，今天晚上面对这位老师——浙江临海外国语学校副校长任美琴老师，我们小记者却有一种无比的亲切与熟悉感，更何况英语还是我特别喜欢的一门功课呢。

终于可以聊一聊英语了。从推开门后的一句"HELLO"开始。我们向任老师问起英语学习的窍门。"兴趣是最好的老师！""你们一定要多读多开口说！"任老师很坚定地告诉我们。

"为了给优秀青年教师创造更高层次的目标，提供继续发展的平台，我强烈建议，在中小学设立正教授职称。……这样做，有利于提升中小学教师职业生涯质量，有利于提高教师工作的积极性和创造性。"听到任老师在与我们的记者姐姐这样聊，我就在一边勤奋地记着。不过对这些建议，我不是十分明白，回去问问爸爸妈妈和老师吧！不过，这个建议对每天辛勤教育我们的老师来说应该是有益处的吧？明白这一点，我们也就十分感激并更乐意与这位代表交流了。

轮到我问话了，最实在的，还是问问任老师今年有什么提案吧。"提案很多，不过，有一个也许你们这些小孩子会感兴趣。"她说，"我在这次全国两会上提出了要求制定《中华人民共和国学前教育法》的议案，希望通过立法规范学前教育。"就是为了比咱们这些小记者还小的小小花朵们受到更好的教育呗。嗯！任美琴老师作为教育界的代表，她对这方面了解多，感触也多。"幼儿教师持教师资格证上岗的仅占大约22%。"任老师说。听到这个比例，我也不禁为小弟弟小妹妹们的幼儿教育担忧。

因此，任老师建议国家制定《中华人民共和国学前教育法》，既从法律上

对学前教育进行规范，又尽快实现《国家中长期教育改革和发展规划纲要》提出的目标。

　　既然是英语老师，还是挺有共同语言的，赶紧让她用英语留个言吧，"Wish you success!"我的签名本上又多了一行飘逸洒脱的英文祝愿，也衷心祝愿我们大家的教育更美好哦！

（2011年　四年级作品）

锲而不舍，连线上刘希平伯伯

3月9日，两会即将闭幕，我们带着满满的收获回到了"久违"的杭州。可这几乎十全十美的行程，却有一个遗憾，没能采访到全国人大代表、我省教育厅厅长刘希平伯伯。

本次赴京采访前，全校很多同学要我设法带话给这位教育方面的厅长伯伯，尤其是对刘伯伯重拳减负表示支持与感谢。来时真是装着一肚子话想跟刘伯伯说的，说说现在学校的丰富活动；说说身边小朋友们的感谢；说说他对浙江千万小学生点点滴滴的关心，都转换成了我们的快乐和笑颜。

没有完成同学所托，回到家后，我一直不甘心，便给刘伯伯打了几次电话，可电话那头传来的总是"嘀嘀"的占线音或无人接听的"嘟——嘟——"长音，刘伯伯一直在忙碌中。

最后，我又鼓起勇气给他发了一条短信。真是没想到，刘伯伯看到短信后，马上给我打来了电话，我一接起电话，刘伯伯亲切的声音传了过来，我兴奋极了："刘伯伯，您好！我是红领巾牛通社小记者，浙大附小的姜涵莼！"

"哦！你好，你们小学生在学校快乐吗？课业负担怎么样？"那简洁而急切的问候，让我感觉到刘伯伯真是时时不忘我们浙江千万名小学生的健康与快乐。赶紧问一下这位教育厅长的提案是什么吧。

"提案有很多，主要有关于民办教育的吧！"刘伯伯在接受采访时说，现在应推广民办教育，增强民办教育的师资力量，努力提高民办教师的待遇。刘伯伯还对我们小学生打了个形象的比喻说，各种学校形式都是教育花园中的一种花，都是不可缺少的，并且现在入学不公平的问题还是存在的。"凭钱，不公平！凭权力，不公平！凭关系，更不公平！"说到这儿，刘伯伯有点激动，

"希望民办教育推广后能有效地减缓教育不公平，直到阻止这一现象。"

最后，刘伯伯还为在北京错过与我们面访的事连连道歉，叫我代他向我们小记者团问候。

2011年3月11日晚，这个十七分五十九秒的电话采访，让我深深地感受到刘伯伯真是一位心系教育又和蔼亲切的好伯伯，是一位以诚待人的厅长大伯伯。

（2011年　四年级作品）

两会采访回校汇报

亲爱的老师和队员们，早上好！红领巾广播准时和大家见面了，我是四（3）中队的姜涵莼，希望大家喜欢我的节目。

3月5日至3月9日，经"青年时报红领巾牛通社"选拔，我有幸代表浙大附小赴北京参加两会采访活动。同学们，你们知道什么是两会吗？是啊，一开始我对两会的了解也浅，只知道它是人民的一个盛会，觉得能去采访是很不容易的。

接到这个通知后，我惊喜不已，但是我没有多少激动的时间，我得抽空充电补课：了解两会知识，也征求同学们的想法，看看同学们想问些什么问题。与此同时，我还要正常管理好自己的学习，因为学习永远是我们学生之本呀！

五天四夜的行程收获不少，今天，我就来和大家聊聊我在北京采访的趣闻逸事。

从草长莺飞、花红柳绿的杭州飞到祖国的心脏北京，扑面而来的是满天的飞沙和枯黄的白杨，沙尘暴影响很大。同学们，这时我想，我们生活在人间天堂杭州真好。

从机场到天安门，短短20公里，汽车足足开了两个小时。同学们，两小时是什么概念，知道吗？飞机从杭州飞到北京的时间刚刚是两小时。看来首都"首堵"名不虚传啊！

北京又堵，又是漫天黄沙，那只是我的第一印象。等我到了天安门广场，马上就是另外一番景象了。那里是人的海洋，那里是花的世界，喷泉、彩旗、气球，一派欢腾的气氛。对了，在人民大会堂，全国两会代表正在商讨国家大事呢。在偌大的天安门广场，最吸引我们小记者们眼球的是警察叔叔脚下的双

轮车。因为天安门太宽阔，为了能够便捷地处理事情或者对游客提供帮助，天安门广场的警察叔叔每人的脚下都踩着一个双轮车。像什么？对，就像哪吒脚下的风火轮。开关握在手上，前进、后退、转弯都潇洒自如。

我们来到新闻中心，新闻中心同学们可能都没听说过，不过我换种说法，同学们就不陌生了，那就是每天晚上新闻联播的演播室所在地。当我们一行戴着鲜艳红领巾的杭州小记者进入时，原来对着主席台的长枪短炮齐刷刷地转向我们，让本来淡定自如的我手心冒汗，可是脸上还得洋溢着笑容，"不能给我们杭州丢脸，不能给母校浙大附小丢脸，不能给爸爸妈妈给我自己丢脸"，是吧？

我们采访了两会代表后，又分别电话采访了倪萍、韩红，等等。可是啊，当接通倪萍的电话时，传来的是熟悉而又淡定的声音：对不起，你拨错号码了。留下面面相觑的我们，她们代表实在是太忙了，如果总是接受采访，即使不吃不喝也忙不过来哦，这个我们还是理解的。

采访的间隙，我们也去清华园走了走。已经是阳春三月了，可是清华大学里的池塘水面上还结着厚厚的冰，才初春三月，却有成群的蚊子围绕着你的脑袋做卫星绕地球运动。

大家一定听说过"不到长城非好汉"这句话吧！我们这次也去爬了长城，长城回来后，我特地写下小诗一首，带来与同学们分享一下，题目是《不朽·长城》。

最后，在这次广播节目结束前，不得不提一下。

上周五，日本的地震，再一次唤起了我们的危机感。保护环境、节约资源迫在眉睫啊！但"保护环境，节约资源"不是挂在嘴上的口号，要有实际行动呀！同学们知道吗？2011年3月26日就是"地球熄灯一小时"日。今天的红领巾广播，顺便要倡议大家积极参与到"地球熄灯一小时"日活动中来。

同学们可以前往学校、社区周边的写字楼、百货商厦等，以及夜景工程景区单位，向物业管理部门提出熄灯倡议，说服他们在3月26日晚八点半至九点半期间熄灯一小时。除了周围的场所，也可以选择外地。比如老家的亲戚，或者国外的朋友等，让更多人参与到我们的活动中，做个低碳小达人。

希望浙大附小的各位牛通社小记者平时能多多参与各项活动，积极投稿，既主动锻炼自己，又发挥一个小记者应有的作用。

今天的红领巾广播到此结束，感谢您的收听，下期广播再见。

（2011年　四年级作品）

妈妈说

工作，有的人人羡慕，有它的责任在；有的卑微平凡，有它的责任在。

记者，不仅是"无冕之王"，更有他的社会责任在——哪怕只是"牛通社"小记者。所以你们要京杭奔波差点累晕趴下，所以你们要放弃几天的学习来采访写稿，为的是传递声音传达民情，为的是对得起"牛通社小记者"这个头衔。

女儿，北京再好玩也没有让你忘记时时捕提两会信息；每天再累再晚你都完成当天的稿子，妈妈被你感动！你这次真是不辱使命！

作为小牛牛，你们牛的！

爱要说出口，及时感谢——
现在就写下你最想写的"爱的故事"

童年的杯

它并不特殊，静静地站在我家玻璃柜里。细长透明的杯身上，映着暖黄色的阳光。它，被淹没在身边形形色色的杯子中。可就是它，陪着我，一天天走过童年。

冬日的清晨，我不情愿地钻出被窝，把自己裹成一个小粽子，然后走到餐桌前，又看见那小小的玻璃杯中盛着淡淡的温盐水，是妈妈让我空腹喝了清肠胃的，妈妈忙碌的身影在厨房里闪动，那冒着热气的锅里一定蒸着我最爱吃的甜玉米、豆沙包，或是煮着几个水饺吧。

其实我并不喜欢盐水那似咸非咸的味道，但不知为什么，每每看到那杯水，心中都会暖暖的，而那水为何总有些许浑浊，哦，一定是其中混进了我童年的小小的淘气。

春天的假日，坐在书桌前做作业，桌上，总会出现一杯八宝茶，温度刚好，还被老妈很仔细地挑出了破碎的胖大海。坐在桌前，闻到的是一缕缕微苦但苦中带甜的茶香。每当作业累了，便抬起头来，数着水中的佐料玩：枸杞、山楂、菊花、莲心……细细数着，却从没有数清楚过。或许是因为，这里面的爱太多太多！或许，它是我童年的写意，五彩缤纷。

秋天的傍晚，回到家，桌上常是一杯香甜的芝麻糊，而杯上的阳光，仿佛嵌在了里面。杯边，还放着我爱看的散文集。我总爱举着杯子，迎着窗外的阳光，看着杯中那黑白灰的颗粒组成小小的漩涡。看着、看着，我的心也晕了，好像要掉到那甜甜的芝麻糊中，吃一口，香香的、糯糯的，里面一定藏着童年最甜蜜的时光。

夏日的夜晚，桌上，放着一杯鲜榨的橙汁，亮亮的、凉凉的。遇到难题的时候，抬起头来，看一眼橙汁，心就会平静下来，驱走了所有的燥热。喝一口，甜甜的。晃一晃，底下便有一缕颜色更深些的蜂蜜盘旋而上，一直流入到我的心底。杯中那些忽上忽下饱满的橙粒，一定是我童年的梦想。

那杯中，永远飘荡着来自我身边的爱，永远缓缓地盛着我的童年。

（姜涵莼）

守护童年 守望成长

我对女儿是充满内疚的，女儿在我的肚子里生活到九个多月时我还在挺着肚子带毕业班。学生毕业后不久，女儿也从我的肚子里"毕业"了。不一样的是，我的学生孩子们是欢欢喜喜各奔前程，一个班的成绩颇令各方欣慰满意，而我肚子里的孩子她来到人世是瘦瘦小小接近早产体弱儿。

好在女儿虽小但身体健康情绪愉快，老天爷永远是公平的，我对当时的全心付出没有后悔。

我总觉的，现代社会，物质对于人已到了剩余状态，食不厌精的做法早已成为一种错误，所以在女儿的吃穿上我只是严格把了卫生关，目前现状最让我感到欣慰的是：青菜萝卜土豆肉鱼在女儿眼里全是地位同等的美味佳肴，女儿愉快地接受着一切新事物。

现代的城里孩子，培训班一个挨着一个，"琴棋书画"样样精通已不是很难求得的事情，而与此同时，我更注重对女儿性格心智心胸的培养，永远要与人为善心怀他人集体懂得感念身边人。我始终觉得，一份良好的心态，才会有一个幸福的人生，善良、大度、责任心、自制力、关爱弱者……这些都是我认定要让女儿拥有的一切。以下撷取我曾经录的女儿成长路上的几个片段与您共享。

小狗与马桶

——暮色沉沉的黄昏，女儿和邻家小朋友出门玩耍未回，我去小区找寻，用最原始的方式大声呼喊："冰冰——冰冰——回家啦"，雪地上驶来一辆电动车，送水小伙热心地问我："请问您是在找一条狗吗？我在来的路上见到一条黑色的……""不是不是，我在找我女儿。"……真的感激这位送水工，因为，他的问话使我不禁莞尔……

小女，大名姜涵蕗，小名冰冰，感激班里同学给她取的美丽绰号是"纯牛奶"，而在我们自己家里，她却拥有一个绰号是"姜小狗"。

"姜小狗"的由来是这样的。

女儿出生杭州，生长在环境尚可的悠闲小区，小区内常有各色品种姿态可爱的小狗在奔来跑去，那些通人性的小东西的确是逗人爱怜，不要说孩子，就连我们大人也喜欢。

从两岁左右会语言沟通起，女儿就常跟我们提出"养一条小狗"的愿望，但因为先生上班朝九晚五，而我作为中学教师，时间根本不属于自己，家里又没有长辈老人同住。所以从时间上而言，养小狗完全是一件不可能的事情。暑假也曾带外婆的宠物狗"雪球"到杭州来住过，那阵子喂食喝水，拉屎擦尿，简直把我给弄崩溃啦。所以，实践也证明了，养小狗完全是一件不可能的事情。

很多事也许正因其不可能和难以实现，它就理所当然会成为一个人心底最高规格的渴望。所以，迄今为止，女儿的"最高愿望"就是"养一条小狗"，因渴念无法实现而又经常念叨，爸爸妈妈外公外婆奶奶，索性就送了她一个绰号"姜小狗"。

这个绰号似乎能画饼充饥地满足女儿一点儿什么，她很喜欢，我们全家也就叫顺口啦！

城西"山水人家"的新房装修时，女儿正两岁多，我们夫妻每次到家居城挑选装修用材，都只好带着她，小女"被逛商场"倒并没有闲得无聊，居然找到了一件重要的事做——每次去，当我们夫妇俩忙着挑选咨询时，女儿就拿那些新马桶刷装模作样地刷那些新马桶。好在都是崭新待卖的座便器。

对以上两件事，我只是适当作些安全与卫生方面的指导，从没有反对阻止过。您也许诧异：把自己女儿呼作"小狗"，让自己女儿"刷马桶"，多么不合适，至少咱们中国人的观念里，这两样都不是什么高贵的事物。但我始终觉得并经常教导女儿：我们人，真的只是宇宙万物当中的一粒微尘，女儿平生学的第一支完整的独舞便是"我来自偶然，像一颗尘埃……"。我始终奉行：人越是认识到自己的卑微，才越能在品行上凸显出高贵，赢得自然与万物的尊重；一个人越是不反感于低微的职业，给予普通人普通职业以尊重，越能成为一个有高度有厚度为社会贡献出大价值的人。

现在的女儿，心灵阳光极富爱心，热爱小动物常主动帮助弱者，还

习惯将自己心中的感动、对现实的思考，主动走进书房写成文章。

唯有踏实，才能成其高；唯有平和，才能成其远。

你要什么奖励?

无论怎么样的情况，可以得到多大的奖赏，当我们问女儿"你要什么奖励呢?"女儿都执着地只提一个要求："跟爸爸妈妈睡一个晚上"。

自从六个月大断奶后，女儿就都是一个人睡，她的床从可以摇晃的小木床，到白松木的可以爬上爬下的高低铺到现在一米二的标准少女公主床。

关于独自睡觉这件事，印象中，女儿从没有激烈的任性反抗与哭闹，只总是撅着嘴巴小声嘀咕："不嘛不嘛，我要和爸爸妈妈一起睡!""爸爸陪冰冰睡嘛……"因为没有激烈的反抗，做父母的也就在熄灯道晚安后，回到自己房间洗漱写作上网打电话等等，安然享受自己的世界。却不曾想过，黑暗中的小女儿会不会有淡淡的惊悚与不乐意。

直到现在，女儿已十岁，在学校竞赛得第一名啦，选上班长大队委啦，考入浙江省少年作协啦，自己主动解决借演出服等困难啦等等好事情来临时。问她要什么奖励，她都会毫不犹豫地回答："跟爸爸妈妈睡一晚!"几乎没出现过别的"富有新意"的回答，譬如游戏机、譬如芭比娃娃……并且，这么多年，说这八个字的话时，小小的她大眼睛黑瞳仁中的光芒从没有黯淡下去过一点点!

好在这时，我已渐渐地明白过来什么，只要第二天不上学不用起大早，我和先生一般都会答应，三个人挤在一张床上。为此，还特意将床换成了一米八的大床，三个人睡亦不觉得挤。那种时候，我也会感慨，150平米的三室两厅两卫，我们却要空了那么多房间，三个人挤在一间卧室。那种时候，爱熬夜上网的先生也因为女儿早早地睡下了，爱早起写作的我宁可在凌晨醒来时蹑手蹑脚起床穿衣到对面书房，也要在前半夜和女儿挤上半个晚上。

是什么让我明白过来的呢?

曾经，三岁以内，女儿每每路过商家门口的电子马，都会欣然地爬上去，然后轻拍着小手嚷嚷"妈妈坐坐! 妈妈坐坐!"。（当然，女儿一向温顺，遇上我有事急着离开，她也很听话从不执拗。）可不知从什么时候起，我带女儿走过超市门口的电子摇摇马时，我说："冰冰，坐一个！"她会掩嘴而笑："什么呀！妈妈你好幼稚呀！"说这话时，还会不自然地张望周围，似乎妈妈问这问题是多么不合时宜，却全然忘了自己蹒跚学步时，曾经对那个电子摇摇车的迷恋。

曾经，三岁以内，每每晚饭后，在春秋天的暖风中，女儿都会欣然拉上我："妈妈带冰冰秋千秋千！"然后牵着我的衣裙来到小区河边的小型运动场坐跷跷板荡秋千。不知从什么时候起，偶尔我和先生去那边打球，我们说："冰冰，坐秋千去！"。她会一本正经地回答："爸爸妈妈，你们去吧，我还有作业呢！"说这话时神定气闲，似乎很感激父母的善意，却全然忘了自己蹒跚学步时，曾经对那个河边秋千的乐此不疲。

所以，初为人母为人父的您一定要记住：如果孩子喜欢要"粘"着你"缠"着你，其实你也在享受他（她）带给你幸福，这样的时间很短暂很短暂，因为童年真的很短很短！

所以，初为人母为人父的您一定要记住："会叫的孩子有奶吃"，乖孩子尤其不能太委屈了他（她）哦。

每一位初为人母为人父的，真都该静心去读一读鲁迅的《风筝》，体会一下，这跟随了一代文豪一辈子的透心彻骨的无法补偿的内疚，究竟是什么。

中国孩子的童年本就太苦，他们，被社会的压力，被父母的功利深深地包裹着。

所以，初为人母为人父的您，请您一定一定要记住：童年，真的，很短，很短，很短！而且，它，一去不复返！

（妈妈：沈仁红）

"捉虫"游戏

　　小读者大读者们，一本好看的书看完了，现在我们一起来做个游戏吧！

　　书里万一出现错别字，就像一只小虫子，爬在书里真可恶，让我们一起把它们捉走吧。捉到虫子的读者，请别忘记把这些虫子邮寄到邮箱**ylj_zjup@qq.com**哦，让编辑大人狠狠地处理它们。而捉到虫子最多的读者，可以得到来自出版社的赠书哦！